who?

글 최재훈

학습 만화와 청소년 교양서, 온라인 에듀테인먼트 게임 등을 넘나들며, 어린이와 청소년이 즐기며 공부할 수 있는 교육용 콘텐츠를 만들기 위해 노력하고 있습니다. 대표작으로는 《꿈의 멘토 시리즈》, 《미션돌파 과학 배틀》, 《who? 인물 한국사−단군 · 주몽》, 《who? 스페셜−류현진, 리오넬 메시》 등이 있습니다.

그림 김광일

2003년에 만화계에 발을 내디뎠습니다. 지금은 어린이들이 공부와 재미 두 가지를 동시에 잡을 수 있도록, 재미난 학습 만화를 그리는 데 최선을 다하고 있습니다. 주요 작품으로는 《불멸의 혼 성웅 이순신》, 《캐럿의 인체 대탐험》, 《문제로 개념 잡는 초등 영문법》, 《who? 스페셜−손흥민》 등이 있습니다.

감수 경기초등사회과연구회
진로 탐색 감수 이랑(한국고용정보원 전임연구원)
추천 송인섭(숙명 여자 대학교 명예 교수)

who? 세계 인물

김순권

개정판 1쇄 인쇄 2024년 11월 15일
개정판 1쇄 발행 2025년 1월 1일

글 최재훈 **그림** 김광일

펴낸이 김선식
펴낸곳 다산북스

부사장 김은영
어린이사업부총괄이사 이유남
책임편집 박세미 **디자인** 김은지 **책임마케터** 김희연
어린이콘텐츠사업1팀장 박정민 **어린이콘텐츠사업1팀** 김은지 박세미 강푸른
마케팅본부장 권장규 **마케팅3팀** 최민용 안호성 박상준 김희연 송지은
편집관리팀 조세현 김호주 백설희 **저작권팀** 이슬 윤제희 **제휴홍보팀** 류승은 문윤정 이예주
재무관리팀 하미선 김재경 임혜정 이슬기 김주영 오지수
인사총무팀 강미숙 이정환 김혜진 황종원
제작관리팀 이소현 김소영 김진경 최완규 이지우 박예찬
물류관리팀 김형기 김선민 주정훈 김선진 한유현 전태연 양문현 이민운

출판등록 2005년 12월 23일 제313−2005−00277호
주소 경기도 파주시 회동길 490
전화 02−704−1724 **팩스** 02−703−2219
다산어린이 카페 cafe.naver.com/dasankids **다산어린이 블로그** blog.naver.com/stdasan
종이 신승NC **인쇄** 북토리 **코팅 및 후가공** 평창피앤지 **제본** 대원바인더리
ISBN 979−11−306−5816−2 14990

- 책값은 표지 뒤쪽에 있습니다.
- 파본은 본사와 구입하신 서점에서 교환해 드립니다.
- 이 책은 저작권법에 의하여 보호를 받는 저작물이므로 무단 전재와 복제를 금합니다.
- 이 책에 실린 사진의 출처는 셔터스톡, 위키피디아, 연합뉴스 등입니다.

품명: 도서 | **제조자명**: 다산북스
제조국명: 대한민국 | **전화번호**: 02)704−1724
주소: 경기도 파주시 회동길 490
제조년월: 판권 별도 표기 | **사용연령**: 8세 이상

※ KC마크는 이 제품이 공통안전기준에 적합하였음을 의미합니다.

김순권

Kim Soonkwon

다산
어린이

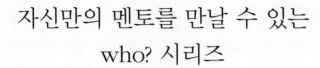

자신만의 멘토를 만날 수 있는
who? 시리즈

다산어린이의 〈who?〉 시리즈는 어린이들은 물론 어른들에게도 재미와 감동을 주는 교양 만화입니다. 〈who?〉 시리즈는 전 세계 인류에 영향력을 끼친 인물들로 구성되었으며 인물들의 삶과 사상을 객관적으로 전해 줍니다.

이처럼 다양한 나라와 분야에서 활약한 위인들의 이야기를 통해 과학, 예술, 정치, 사상에 관한 정보는 물론이고, 나라별 문화와 역사까지 배우게 될 것입니다. 〈who?〉 시리즈의 가장 큰 장점은 위인들이 그들의 삶에서 겪은 기쁨과 슬픔, 좌절과 시련, 감동을 어린이들이 함께 느낄 수 있다는 것입니다. 어린이들은 이 책을 읽으면서 폭넓은 감수성을 함양하게 됩니다.

〈who?〉 시리즈의 어린이 독자들이 책 속의 위인들을 통해 자신만의 멘토를 만나 미래의 세계적인 리더로 성장하기를 진심으로 응원합니다.

존 덩컨 미국 UCLA 동아시아학부 교수

존 덩컨(John B. Duncan) 교수는 한국학 분야의 세계적인 석학으로 미국 UCLA 한국학 연구소 소장 및 동 대학의 동아시아학부 교수를 겸직하고 있습니다. 하버드 대학교 교환 교수와 고려 대학교 해외 교육 프로그램 연구센터장을 역임했으며, 주요 저서로는 《조선 왕조의 기원》, 《조선 왕조의 시민 행정의 제도적 기초》 등이 있습니다.

세상을 더 나은 곳으로 만든 사람들의 이야기

어린이들은 자라면서 수많은 궁금증을 가지게 됩니다. 그중에서도 "저 사람은 누굴까?"라는 질문은 종종 아이들의 머릿속을 온통 지배해 버리기도 합니다. 다산어린이에서 출간된 〈who?〉 시리즈는 그런 궁금증을 해결해 주기 위해 지구촌 다양한 분야의 리더들을 소개하고 있습니다.

〈who?〉 시리즈에 등장하는 인물들은 인종과 성별을 넘어 세상을 더 나은 곳으로 만든 사람들입니다. 어린이들은 이 책에서 디지털 아이콘으로 불리는 스티브 잡스는 물론 니콜라 테슬라와 같은 천재 발명가를 만날 수 있습니다.

책 속 주인공들의 어린 시절 이야기를 통해 기쁨과 슬픔, 도전과 성취감을 함께 맛보고, 그들과 함께 성장하면서 스스로 창조적이고 인류에 도움이 되는 사람이 되겠다는 포부와 자신감을 갖게 될 것입니다.

〈who?〉 시리즈 속에서 다채롭고 생동감 넘치는 위인들의 이야기를 만나 보세요.

에드워드 슐츠 하와이 주립 대학교 언어학부 교수

에드워드 슐츠(Edward J. Shultz) 하와이 주립 대학교 언어학부 교수는 동 대학의 한국학센터 한국학 편집장을 역임한 세계적인 석학입니다. 평화봉사단 활동의 하나로 한국에서 영어 교사로 근무한 경험이 있으며, 현재 한국과 미국, 일본을 오가며 활발한 활동을 펼치고 있습니다. 저서로는 《중세 한국의 학자와 군사령관》, 《김부식과 삼국사기》 등이 있고, 한국 중세사와 정치에 대한 다수의 기고문을 출간했습니다.

미래 설계의 힘을 얻는 길이
여기에 있습니다

어린이가 성장하는 시기에는 스스로 미래를 설계하며 다양한 책을
접하는 경험이 필요합니다.

어린 시절 만난 한 권의 책이 인생에 미치는 영향이 얼마나 큰지는
꿈을 이룬 사람들의 말을 통해서 알 수 있습니다. 빌 게이츠는 오늘날
자신을 만든 것은 동네의 작은 도서관이었다고 말하고, 오프라 윈프리는
어린 시절 유일한 친구는 책이었음을 고백하며 독서의 중요성에 대해
이야기합니다.

꿈을 이룬 사람들의 공통점은 또 있습니다. 그들에게는 어린 시절,
마음속에 품은 롤 모델이 있었습니다. 여러분의 롤 모델은 누구인가요?
〈who?〉 시리즈에서는 현재 우리 어린이들이 가장 닮고 싶어하는 롤
모델을 만날 수 있습니다. 버락 오바마, 빌 게이츠, 조앤 롤링, 스티브
잡스 등 세상을 바꾼 사람들의 감동적인 이야기를 담은 〈who?〉 시리즈는
어린이들이 구체적인 목표를 설정하고 희망찬 비전을 세울 수 있도록
도와줄 친구이면서 안내자입니다. 〈who?〉 시리즈를 통하여 자신의 인생
모델을 찾고 미래 설계의 힘을 얻을 수 있습니다.

송인섭 숙명 여자 대학교 명예 교수

숙명 여자 대학교 명예 교수이자 한국영재교육학회 회장으로
자기주도학습 분야의 최고 권위자입니다. 한국교육심리연구회
회장, 한국교육평가학회장, 한국영재연구원 원장을 역임했습니다.
자기주도학습과 영재 교육의 이론을 실제 교육 현장에 적용하기 위해
노력하고 있습니다.

평생을 이끌어 줄
최고의 멘토를 만날 수 있는 책

10대에 가장 중요한 것은 무엇일까요? 학과 공부와 입시일까요? 우리나라 최초의 국제회의 통역사로 30년 동안 활동하면서 글로벌 리더들을 만날 기회가 수없이 많았던 저는 대한민국의 초등학생들에게 특별한 조언을 해 주고 싶습니다. 그것은 큰 꿈을 가지는 것이 무엇보다 중요하다는 것입니다.

꿈은 힘들고 지칠 때 나를 이끌어 주는 힘이고 내 인생의 주인이 되어 일어설 수 있게 하는 원동력이 되어 줍니다. 꿈이 있는 아이가 공부도 잘하고 결국 그 꿈을 실현할 수 있게 되는 것입니다. 저 역시 어린 시절 품었던 꿈이 지금의 자리에 있게 한 원동력이었습니다. 남들이 모르는 큰 꿈을 마음속에 간직하고 있었기에 괴롭고 힘들어도 포기하지 않고 다시 일어설 수 있었습니다.

어린 시절 저에게도 힘들고 지칠 때마다 용기를 불어넣어 주고 힘이 되어 주었던 분들이 있었습니다. 지금의 자리로 저를 이끌어 준 멘토들처럼 〈who?〉 시리즈에서 여러분의 친구이자 형제, 선생이 되어 줄 멘토를 만날 수 있기를 바랍니다.

최정화 한국 외국어 대학교 교수

우리나라 최초의 국제회의 통역사로 현재 한국 외국어 대학교 통번역대학원 교수로 재직 중입니다. 세계 무대에서 자신의 꿈을 이룬 여성 신화의 주인공으로, 역시 세계에서 꿈을 펼치려고 하는 청소년들에게 멘토로서의 역할을 충실히 하고 있습니다. 저서로는 《외국어 내 아이도 잘할 수 있다》, 《외국어를 알면 세계가 좁다》, 《국제회의 통역사 되는 길》 등이 있습니다.

차 례

Kim
Soonkwon

추천의 글 4

1 떼쟁이 막내, 순권이 12
통합 지식⁺ 1 김순권의 성공 열쇠 26

2 가난이 싫었던 아이 30
통합 지식⁺ 2 우리나라 농사의 역사 48

3 농사를 통해
새로운 꿈을 꾸다 52
통합 지식⁺ 3 우리나라 지역 특산물 68

4 농학도의 길을 가다 72
통합 지식⁺ 4 새롭게 만들어진 농산물 90

5 더 넓은 세상을 꿈꾸며 94
통합 지식⁺ 5 김순권표 옥수수 112

6 노력과 땀의 결실 116
통합 지식⁺ 6 김순권의 발자취 138

7 옥수수에 담긴 한마음 142

어린이 진로 탐색 농학자 166
연표 174 / 찾아보기 176

김순권

- 이름: 김순권
- 생몰년: 1945년~
- 국적: 대한민국
- 직업·활동 분야: 농학, 육종학
- 주요 업적: 국제 농업 연구 대상

김순권은 넉넉하지 않은 가정에서 태어났습니다.
고등학교 진학 시험에 낙방한 뒤 1년간 아버지와 함께 고된 농사일을 했어요. 가난한 농촌의 현실을 몸소 겪은 그는 이 문제를 해결할 방법을 찾고 싶었어요.
김순권은 어떻게 문제를 해결하였을까요?

아버지

든든한 지원군이었던 아버지는 고등학교 진학 시험에 떨어진
김순권을 다시 일으켜 세웠어요. 아버지는 김순권을 매일 논밭과
바다로 데리고 갔지요. 하루도 빠지지 않고 밭을 갈고 거름을 주었고,
배를 타고 멸치를 잡았습니다. 이러한 경험은 김순권이 농학자의
길을 걷게 된 계기가 되었어요.

브루베이커

하와이 주립 대학교에서 육종학을 가르치는 교수예요. 직접 농장에서
옥수수를 재배하며 연구에 힘썼습니다. 마치 자식을 대하듯 옥수수를
기르며 연구하는 모습은 김순권에게 좋은 본보기가 되었습니다.
브루베이커 교수 역시 성실하게 옥수수를 가꾸는 김순권에게 감동을
받았고, 자신의 학문을 빠짐없이 가르쳐 주었습니다.

들어가는 말

■ 노벨상 후보에 다섯 번이나 오른 '옥수수 박사' 김순권에 대해 알아보아요.
■ 농학자 김순권이 신품종 옥수수를 개발하기까지 어떠한 노력을 기울였는지 살펴보아요.
■ 우리나라 농업이 어떤 과정을 거쳐 발전했는지 살펴보고, 육종학은 무엇을 연구하는
  학문인지 알아보아요.

1 떼쟁이 막내, 순권이

경상남도 울주군의 작은 집

언니, 어머니가 많이 아프신가 봐. 무서워.

우리 막냇동생이 태어나려고 그러는 거야.

응애~~

응애~~~

1945년 5월 1일, 순권은 딸만 여섯이던 집안에 막내아들로 태어났습니다.

여보, 우리 아들이에요.

정말 고생 많았소!

응애~ 응애~

고 녀석, 목청 한번 크구나!

이 당시에 우리나라는 *남아 선호 사상이 강했습니다. 때문에 순권은 귀한 막내아들로 자라나게 됩니다.

언니, 드디어 우리 집에도 남동생이 생겼어.

*남아 선호 사상: 부계 혈통을 중시하는 사회에서 나타나는 것으로, 여자 아이보다 남자 아이를 선호하는 관념

몇 년 뒤

우아~
달 밝다!

오늘이
대보름날이잖아!

누나,
대보름날이
뭐야?

음력 1월 15일이
바로 대보름날이야.

맞아, 달이
가장 크다는 날!

대보름날에는
*부럼이랑 오곡밥을
먹는단다.

이야!

김포댁이 오곡밥을
많이 했다며 나눠 먹자던데,
이 부럼을 드리고
받아 오겠니?

네!

어머니, 제가 다녀올게요!

순권이는
아직 어린데,
할 수 있을까?

*부럼: 음력 정월 대보름날 새벽에 깨물어 먹는 딱딱한 열매류인
땅콩, 호두, 밤 등을 통틀어 이르는 말

순권은 하고 싶은 일은 꼭 하고야 마는 성격이었습니다.
이날도 결국 고집을 피워 이웃집에 혼자 심부름을 가게 됐습니다.

아주머니~
오곡밥 주세요!

어이구, 막둥이
순권이가 심부름
왔구나?

순권아, 오곡밥 먹고
건강해야 한다.

네, 잘 먹겠습니다!

음~ 맛있는 냄새!
집에 가자마자
먹어야지.

아얏!

순권이 아니냐? 어디 다친 데는 없니?

으앙! 내 오곡밥이 쏟아졌잖아!

아이고, 우리 순권이 오곡밥이 못 먹게 됐네.

순권아, 아저씨가 미안하다. 여기 새로 가져온 오곡밥 받거라.

그래, 순권아. '고맙습니다' 하고 받아야지.

이건 내 오곡밥 아니잖아! 내 오곡밥 달라고, 내 오곡밥!

털썩

이 녀석이 어디서 배운 버르장머리야!

어른 앞에서 떼를 쓰다니. 잘못 했어, 안 했어?

자, 잘못했어요……

아버지는 순권이 예의에 어긋나는 행동을 하면 따끔하게 혼냈습니다. 하나밖에 없는 아들이 철부지로 클까 염려스러웠기 때문입니다.

아버지의 진심을 모르는 어린 순권은 엄한 아버지가 원망스럽기만 했습니다. 하지만 늘 자신을 따스하게 안아 주는 어머니가 있어 순권은 씩씩하게 자라날 수 있었습니다.

괜찮다, 순권아. 다음부터 안 그러면 된다.

흑

아버지, 미워요! 맨날 혼내기만 하고.

앗, 내 신발!

순권아,
우리 먼저 간다~!

순권의 마을은 산과 바다를 모두 끼고 있어,
아이들에게 더없이 좋은 놀이터였습니다.

으라차차!

철썩~

하지만 한참이 지나도 순권의 모습은 보이지 않았습니다.

그런데 너무 오래 걸리는 거 아냐?

무슨 일 생긴 건 아니겠지?

꼬르륵

순권이다!

승부욕이 강했던 순권은 무슨 일이든 남들보다 두 배, 세 배 노력하는 아이였습니다.

저것 봐! 한가득 잡아 왔잖아.

퐈~아

옆 마을에도 *빨치산들이 나타났대요.

에구머니! 이러다 우리 마을에도 오는 건 아닌가 몰라.

너희도 밤늦게 돌아다니면 안 된다. 알겠지?

네…….

1950년, 우리나라에 6·25 전쟁이 터졌습니다. 같은 민족이 남북으로 나뉘어 싸운 비극적인 전쟁이었습니다.

콰~쾅

순권이 살던 곳은 남쪽이어서 전쟁의 피해가 거의 없었지만, 빨치산들이 마을로 내려와 습격하는 일이 잦았습니다.

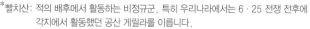

*빨치산: 적의 배후에서 활동하는 비정규군. 특히 우리나라에서는 6 · 25 전쟁 전후에 각지에서 활동했던 공산 게릴라를 이릅니다.

그러던 어느 날, 깊은 밤이었습니다.

갑자기 들이닥친 빨치산들은 순권의 아버지와
이웃집 남자들을 모조리 끌고 산으로 가 버렸습니다.

잠시 뒤

얼마 뒤, 순권의 집에 누군가 들어섰습니다.

쓱~

서, 설마!

순권의 아버지는 빨치산을 피해 산길에서 도망을 쳐 겨우 목숨을 건졌고, 다시 가족을 만나게 되었습니다.

흑
흑

아버지, 다시는 어디 가지 마세요. 너무 무서웠단 말이에요.

오냐, 우리 순권이 두고 가지 않으마.

아버지!

순권은 이 사건을 계기로 가족의 소중함을 마음 깊이 깨닫게 됐습니다.

김순권의 성공 열쇠

평생을 옥수수와 함께한 김순권 박사. 사람들은 그를 '옥수수 박사', '옥수수의 아버지', '검은 대륙의 옥수수 추장'이라 부릅니다. 옥수수 육종 분야에서 세계 최고의 학자로 꼽히는 김순권 박사에게 보내는 칭찬의 말이지요. 김순권 박사는 그 성과를 인정받아 노벨 생리 의학상과 노벨 평화상 후보에 다섯 차례나 올랐습니다. 김순권 박사가 세계적인 농학자가 되기까지 손에 쥐고 있던 성공 열쇠는 무엇일까요?

김순권 박사는 사료용 슈퍼 옥수수 개발에 성공했습니다.
© 연합뉴스

하나 조국과 농민을 생각하는 마음

김순권 박사가 값진 성과를 이룬 데에는 올곧은 신념이 있었습니다. 그건 조국과 농민을 생각하는 마음입니다. 물론 처음부터 거창한 꿈을 품었던 것은 아닙니다. 김순권은 농촌에서 태어났습니다. 농사일이 고되다는 걸 누구보다 잘 알고 있었습니다. 김순권의 부모님도 악착같이 일해도 배고픔과 가난을 벗어나기 힘든 농사를 아들에게만은 물려주고 싶지 않았지요. 김순권도 중학생 때까지는 멋진 양복을 입고 도시에서 일하는 게 꿈이었답니다. 그런 김순권이 가난한 나라와 농민들에게 도움이 되겠다는 목표를 세우게 되었습니다. 고등학교 입학 시험에 떨어진 뒤부터였습니다.

시험에 실패하면 좌절하고 낙담하기 쉬울 텐데, 어떻게 해서 나보다 모두를 생각하는 마음을 품게 되었을까요? 김순권은 진학을 준비하는 1년간 아버지와 직접 농사를 지었습니다. 새벽부터 밤늦도록 농사꾼처럼 일하며 무엇으로도 살 수 없는 경험을 하게 된 것입니다.

옥수수를 들고 강연 중인 김순권 박사
© 연합뉴스

자연재해와 병충해로 자식처럼 키운
농작물을 잃고 눈물짓는 농민들을 보면서
남의 일처럼 느껴지지 않았습니다.
김순권은 모두가 배불리 먹고 잘살
수 있는 일을 하겠다는 뜻을 품게
되었습니다. 나라와 농민들을 향한
마음은 더 위대한 일에 도전하게 만든
밑거름이 되었습니다.

김순권 박사가 경북대 농장에서 연구용으로 재배하던 옥수수밭이
멧돼지 떼 습격으로 쑥대밭이 되었습니다. ⓒ 연합뉴스

둘 실패를 딛고 다시 일어서는 힘

김순권은 앞으로 무엇을 할지 고민했습니다. 그러나 원하는
바를 이루는 길이 수월하지는 않았습니다.
김순권은 고등학교를 졸업한 후 치른 농협 입사 시험에서
떨어지고 맙니다. 게다가 아버지가 교통사고를 당하면서 집안
형편도 어려워졌습니다. 아들로서 가정에 보탬이 되어야
한다는 생각에 조바심이 생겼습니다. 그러나 김순권은 마냥
슬퍼하지 않았습니다. 실수를 바로잡기 위해 더욱 실력을
갈고닦았습니다. 김순권은 대학 입시를 준비하여 이듬해 경북
대학교 농과 대학에 입학했습니다.
본격적으로 농학을 공부하자 육종학에
마음이 끌렸습니다. 하지만 넉넉지
않은 가정 형편을 생각하지 않을 수
없었던 김순권은 교수가 되어 학생들을
가르칠 수 있는 농업 경제학을 공부하러
대학원에 진학하기로 정했습니다.
그러나 대학원 시험에서 떨어지고
말았고, 다시 한번 돌파구를
찾았습니다. 그동안 배운 지식을
살릴 수 있는 농촌 진흥청에 입사해

1960년대 밭을 가는 농부 ⓒ 연합뉴스

육종학자의 길을 걷기 시작했습니다.

농촌 진흥청에서는 벼, 보리, 콩, 옥수수 등과 같은
여러 작물을 연구하는데, 이 중에서 김순권은 옥수수를
선택했습니다.

만일 김순권이 시험에 떨어지지 않았더라면 옥수수를
만나지 못했을지도 모릅니다. 그럼 슈퍼 옥수수 또한
세상에 나오지 못했을 것입니다.

뜻하지 않는 일을 당하면 주저앉거나, 자신의 결함이나
실수를 두고두고 원망하기 쉽습니다. 하지만 김순권의
꺾이지 않는 마음과 다시 일어서는 용기는, 세계 최고의
육종학자를 만든 성공의 요소입니다.

6 · 25 전쟁 직후 한국의 식량난은
심각했습니다. ⓒ 연합뉴스

셋   하나에 집중하는 끈기

육종학은 끈기가 필요한 분야입니다. 새로운 종자를
찾아내려면 서로 다른 종류의 식물을 수천 번, 수만
번 이상 교배시켜야 합니다. 이 일은 농사일만큼
고됩니다.

하와이 주립 대학교로 유학을 떠난 김순권 박사는
강의 시간을 빼고는 옥수수 농장에서 농부처럼 일했습니다.

who? 지식사전

1960년대 우리나라의 식량 사정

6 · 25 전쟁 후 대한민국은 식량이 부족했습니다. 유엔과 미국은 대한민국 정부에 식량을 지원했습니다. 이때 제공한
농산물은 밀 40%, 보리 19%, 쌀 16% 등이었습니다. 대한민국 정부에서 1970년대 후반까지 부족한 쌀 문제를 해결하기
위해 쌀을 아끼자는 '절미운동'과 '혼분식 장려운동'을 벌였습니다. 혼식은 밥을 지을 때 잡곡을 넣고 밥을 지어 먹는
것입니다. 분식은 밀가루나 옥수숫가루로 만든 먹을거리입니다. 혼분식을 장려하기 위해 초 · 중 · 고교에서는 도시락을
검사하기도 했습니다.

날마다 옥수수 씨앗을 심고, 손으로
꽃가루를 교배해 주고, 수확하는 일을
직접 했습니다. 우리나라에 맞는 슈퍼
옥수수 종자를 얻기 위해 50만 그루의
옥수수를 교배했습니다.
이런 노력 덕분에 김순권은 3년 3개월
만에 박사학위를 받았습니다.
한 분야에 집중하는 태도는
하루아침에 길러지는 것이 아닙니다.
김순권 박사는 스스로 머리가
뛰어나지 않다고 생각했습니다.
울산 농업 고등학교 시절, 지능
지수 검사를 했는데, 평균보다 낮은
점수가 나와 충격을 받은 적이 있다고 합니다. 이후 남들보다
더 열심히 하기로 생각했습니다. 이러한 노력으로 김순권은
마침내 육종학 분야에서 최고가 되었습니다.

옥수수가 자라는 과정

세계 3대 작물 옥수수

옥수수는 쌀, 밀과 함께 세계 3대 작물로 꼽힙니다. 옥수수는 척박한
토양에서도 잘 자랍니다. 쌀, 밀과 비교할 때 단위 면적당 생산량이
1위입니다. 아시아와 아프리카에서는 쌀만큼 귀한 작물로 여깁니다.
옥수수는 사람들의 식량뿐만 아니라 가축의 사료로도 쓰입니다. 또한
옥수수의 탄수화물을 미생물로 발효시켜 '바이오 에탄올'을 만듭니다.
바이오 에탄올은 휘발유에 섞어 일산화탄소의 배출량을 줄이는 데
사용합니다.

노랗게 잘 익은 옥수수

2 가난이 싫었던 아이

초등학생이 된 순권은 즐겁게 학교생활을 하고 있었습니다.

우아, 차 멋지다!

이거 진우네 아버지 자동차래.

정말? 진우네는 부자인가 봐.

진우 아버지가 은행에서 높은 사람이라잖아.

순권의 부모님은 하루 종일 논밭에서 농사를 짓느라 제대로 허리를 펼 틈도 없었습니다.

은행원이 되면 성공할 수 있다고 믿었던 순권은 공부에 열의를 불태우기 시작했습니다.

요즘 우리 순권이가 아주 열심이구나.

순권아, 걸어가면서도 공부가 하고 싶어?

선생님, 이 부분 한 번만 더 설명해 주세요.

그러다가 넘어지겠다.

순권은 주변 사람들도 놀랄 만큼 열심히 공부했습니다.

자, 오늘 지난 시험 성적표가 나왔다.

내 성적은 어떻게 나왔을까?

쿨 쿨

드르렁

드르렁

이제 순권이도 내년이면 중학교를 갈 나이군.

저렇게 매사 열심이니 중학교 가서도 아마 잘하겠지요.

사내 녀석을 이런 시골에서 키울 수 없어. 읍내에 있는 중학교를 보내야지.

읍내로 보낸다고요?

어려서부터 귀여움만 받고 자라 아직 철이 없는데…… 걱정이네요.

부모님은 순권이 성공하려면 도시에서 자라야 한다고 생각했습니다. 그래서 울산으로 시집간 큰누나 집에 순권을 보내기로 했습니다.

얼마 뒤

어머니와 갑자기 떨어지게 된 순권은 새로운 생활에 좀처럼 적응하지 못했습니다.

어머니는 지금쯤 뭐 하고 계실까? 어머니가 너무 보고 싶어…….

누나, 나 집에 갈래. 어머니께 보내 줘!

엉~엉

처남은 오늘도 저녁을 안 먹은 거야?

밥도 싫고 학교도 싫고, 그저 어머니만 보고 싶다고 한참 울다 조금 전에 잠들었어요.

막냇동생의 고집에 지친 누나는 어쩔 수 없이
순권을 고향 집에 데려다줬습니다.

사내자식이
이렇게 못나서야!
당장 돌아가!

아버지, 저도
이제는 두 손 두 발
다 들었습니다.

여보, 너무
나무라지 마세요. 어린것이
갑자기 부모와 떨어지니
얼마나 힘들었겠어요?

아버지. 집에만 있게
해 주시면 죽어라 공부해서
꼭 좋은 고등학교에
가겠습니다.

에잇, 모자란 놈.
공부를 하든지 죽을 쑤든지
네 마음대로 해라!

다시 고향 집에 돌아온 순권은
어머니의 품에서 안도감을 느꼈습니다.

우리 막둥이,
많이 힘들었니?

어휴, 말도 마세요.
어머니한테 데려다 달라고
얼마나 보챘다고요!

어머니, 정말
보고 싶었어요!

순권은 집에서 가까운 양남 중학교를 다니게 됐습니다.

일찍 왔더니 아직 아무도 없네?

학교생활도 잘 하고 공부도 열심히 하자! 그럼 아버지도 기뻐하실 거야.

새로운 중학교는 집에서 1시간 30분이나 걸어가야 하는 먼 거리였습니다. 순권은 이른 아침에 등교해서 누구보다 열심히 공부했습니다.

하지만 이런 노력에도 불구하고
순권의 성적은 늘 제자리였습니다.

우아~ 민호는
또 백 점이야?

이번에도
민호가 1등이래.

수 학

나는 왜 성적이
늘 이렇지?

에잇,
바보 같은 놈! 아무리 해도
오르질 않잖아!

순권은 결국 학교에서 몰래 의자를 훔치고 말았습니다.

빨리 가자!

휴, 이제 학교에서 멀어졌으니 안심이다.

너, 이 녀석! 뭐 하는 짓이야?

으악! 누구세요?

꽈당

교복을 보니 양남 중학교 학생이구나? 학교에서 의자를 훔치다니, 못된 녀석!

잘못했어요. 한 번만 봐주세요.

공부를 잘해야
은행원이 될 수
있으니까요.

은행원?
그럼 은행원은 왜
되고 싶은데?

그, 그건…….
은행원은 돈도 잘 벌고,
또…….

이 녀석아! 네 나이 때는
꿈을 찾아야지. 진짜로
하고 싶은 일 말이다!

꿈을 찾으라고요?

떡
벌

아무튼 이번 일은
네가 백번 잘못했다.

벌로 일주일간
화장실 청소를
맡도록 해라.

네, 선생님.

좌아악

어휴, 공부 좀 잘해 보려다가 이게 무슨 꼴이람.

근데 교감 선생님 말씀이 자꾸 생각나네.

이 녀석아! 네 나이 때는 꿈을 찾아야지. 진짜로 하고 싶은 일 말이다!

탁

은행원이 되어 돈 많이 버는 게 어때서? 난 부자가 되는 게 꿈인걸!

우리나라 농사의 역사

인류는 아주 오랜 옛날부터 농사를 지었습니다. 농사의 역사가 오래된 만큼 농사 방법과 농기구 등에 관해 많은 유물, 유적과 기록이 남아 있습니다. 그럼, 우리나라 농사의 역사를 살펴보겠습니다.

농사의 시작, 신석기 시대

신석기 시대 생활 모형

우리 선조들이 농사를 짓기 시작한 때는 신석기 시대입니다. 구석기 시대 사람들은 무리 지어 다니며 열매와 곡식을 구했습니다. 신석기 시대부터 강가나 바닷가 근처에 집을 짓고 생활하며 농사를 짓기 시작했습니다. 이를 '신석기 혁명'이라고 합니다. 신석기 시대에는 조, 피, 수수 같은 잡곡을 심었습니다. 돌삽, 돌괭이, 돌낫 등의 농사 도구를 만들어 사용했으며, 갈돌과 갈판 같은 조리 도구를 사용하여 곡식을 갈아서 먹기도 하였습니다.

벼농사의 시작, 청동기 시대

반달 돌칼 ⓒ 국립중앙박물관

청동기 시대부터 본격적으로 농사를 지었습니다. 주로 밭에 보리와 콩을 심다가 점차 벼농사를 짓기 시작했습니다. 불에 그을린 볍씨가 충청남도 부여 송국리, 경기도 여주 흔암리 등에서 발견되었습니다. 벼 이삭을 자르는 농기구 '반달 돌칼'을 만들어 사용했습니다. 청동기 시대에도 농기구는 청동이 아닌 돌로 만들었습니다. 청동은 쇠처럼 단단하지 않았기 때문에 돌을 정교하게 갈아 만든 농기구를 사용했답니다.

철로 만든 농기구 등장, 삼국 시대

삼국 시대에 이르자 농작물의 수확량이 크게
늘었습니다. 사람들이 쇠로 만든 농기구를 사용하고,
소의 힘을 이용하여 농사를 지었기 때문입니다. 밭을
갈 때 소를 사용하는 우경은 신라 지증왕 때부터
시작되었다는 기록이 있습니다.
또한 황무지를 개간하여 농사를 지을 땅을 넓혔습니다.
농사를 잘 지을 수 있도록 물길을 내고 물을 저장하는
저수지를 짓거나 제방을 쌓는 축제술도 발달하였습니다.

전라남도 광주 신창동 유적지에서 발견된
철기 시대 농기구 © 연합뉴스

황폐한 땅을 기름지게 만든 고려 시대

작물은 토양의 영양분을 흡수하며 자랍니다. 거름이 발달하지
않았던 때에는 1년 농사를 지으면 다음 해에는 땅을 놀려야
했습니다. 고려 시대에는 연이어 농사를 짓게 되었습니다.
황폐한 땅을 기름지게 만드는 시비법이 발달한 까닭입니다.
고려시대 농민들은 동물의 배설물을 이용한 퇴비법과 콩과
같은 잡곡을 그대로 갈아엎어 그대로 둔 다음 비료로 사용하는
녹비법을 활용했습니다.

그리고 하나의 경작지에 여러
가지 농작물을 돌아가며 심는
'돌려짓기(윤작법)'를 시작했습니다.
고려 시대부터 '2년 3작'이라고 하여
2년 동안 세 가지 곡식 조, 보리,
콩을 번갈아 심었습니다. 이로써
농사를 짓지 않는 땅, 휴경지가 크게
줄어들었습니다.

공민왕 때는 문익점이 원나라에서
목화씨를 들여옵니다. 문익점은
장인 정천익과 함께 재배에 성공하여
우리나라에서도 목화를 기르게 되었습니다.

짚과 동물의 배설물로 만든 두엄 © Malene Thyssen

풍토에 맞는 농법을 발전시킨 조선 시대

조선 시대는 농사를 나라의 근본으로 삼았습니다. 고려 시대부터 실시한 2년 3작, 돌려짓기가 널리 퍼졌습니다. 벼농사에 볍씨를 모판에 심어 기른 다음 논에 옮겨 심는 '그루갈이(모내기법 또는 이앙법)'가 남부 지방부터 시작되었습니다. 그루갈이는 튼튼한 모를 골라 심으니 수확량이 많아지고, 모를 나란히 줄지어 심으니 잡초를 뽑기가 수월하였습니다.

모내기하는 모습

이전에는 '직파법'이라고 하여 논에 볍씨를 직접 뿌렸습니다. 3월에 볍씨를 뿌리고 10월에 추수했는데, 그루갈이를 하면서 3~5월에는 벼 모종을 기르고 6월에 옮겨 심었습니다. 보리는 11월에 씨를 뿌리고 5월에 수확했습니다. 이로써 하나의 논에서 벼와 보리를 재배하는 이모작이 가능해졌습니다.

밭농사에는 '골뿌림법(견종법)'이 시작되었습니다. 쟁기로 밭을 갈면 움푹 솟은 이랑과 움푹 들어간 고랑이 생깁니다. 고랑에 씨앗을 뿌리는 방법인데요. 고랑에 씨를 뿌리면 한겨울에도 씨앗이 얼어 죽지 않고, 가뭄에도 잘 견딥니다.

who? 지식사전

우리나라 최초의 농서 《농사직설》

조선은 중국 원나라 등에서 들여온 책을 참고하여 농사를 지었습니다. 그러나 중국의 기후와 토양은 조선과 달라, 농사 방법이 맞지 않았습니다. 이에 세종 대왕은 우리나라의 풍토에 맞는 농사 방법을 책으로 엮을 것을 명했습니다. 세종의 명을 받은 정초와 변효문은 농민들의 실제 경험을 조사한 후 우리나라의 풍토에 맞는 씨앗 저장법, 모내기 방법 등을 종합하여 책으로 펴냈습니다. 이것이 바로 우리나라 최초의 농서 《농사직설》입니다.

수탈에 시달린 일제 강점기

일본은 일찌감치 공업화 정책을
추진했습니다. 농촌 사람들이 일자리를
찾아 도시로 몰려가자 농촌에 일손이
부족해졌습니다. 농업에 차질을 빚게
되었고, 식량이 부족해졌습니다.
조선 총독부는 쌀 생산량을 늘리기
위한 정책, 산미 증식 계획을
폈습니다. 밭을 논으로 바꾸고, 농지에
물을 대는 관개시설을 만들고 원산에
비료 공장을 만들었습니다. 이로써
조선의 쌀 생산량은 늘었습니다.
그러나 조선 사람들이 소비하는 쌀의 양은 오히려
줄어들었습니다. 일본이 조선에서 가져가는 쌀의 양이 훨씬
많았기 때문입니다. 정작 조선 사람은 먹을 것이 없어지자,
일본은 만주에서 수입한 잡곡을 조선에 주었습니다.

조선의 경제와 자원을 수탈한 동양 척식 주식회사

녹색 혁명으로 쌀 자급률 100% 달성

1960년대 우리나라는 먹을 것이 부족했습니다. 이를
극복하기 위해 1962년 농촌 진흥청을 설립해 녹색
혁명을 도입했습니다. 녹색 혁명이란, 농업 생산량을
늘린 기술과 정책을 말합니다. 새로운 품종을 개발하고,
화학비료와 살충제 등을 사용하여 생산량을 크게 늘리는 데
성공했습니다. 우리나라에서는 신품종의 벼를 개발하고, 재배
기술을 연구했습니다. 1975년에는 쌀 생산량이 466톤으로
늘었습니다. 당시 쌀 자급률 100%에 달하는 양이었습니다.

3 농사를 통해 새로운 꿈을 꾸다

몇 년 뒤

부산상업고등학교 시험장

부산상업고등학교

여기가 그 유명한 부산상고구나!

부산상고는 부산 상업 고등학교의 준말로, 우수한 학생들만 입학할 수 있는 명문 학교였습니다.

은행원이 되려면 좋은 상고에 진학해야 돼. 꼭 시험에 합격해야지!

얼마 뒤 시험 결과가 발표됐습니다.

웅성 웅성

이, 이럴 수가!

안타깝게도 합격자 명단에는 순권의 이름이 보이지 않았습니다.

이제 어떡하면 좋지? 시험에 떨어졌으니 내년이 될 때까지는 학교에 갈 수도 없어. 무엇보다 부모님이 얼마나 실망하실까?

자기가 열심히 안 해서
떨어진 걸 가지고 엄살은.
내 이 녀석을 그냥!

참으세요.
저도 얼마나 속이 상하면
저러겠어요.

에잇,
못난 놈 같으니.

아버지는 정말 너무해!
나도 한다고 했는데 결과가
이런 걸 어쩌란 말이야!

시험 결과에 충격이 컸던 순권은 자신의
마음을 몰라주는 아버지가 야속했습니다.

다음 날 새벽

순권아, 일어나라.

흠냐, 졸려요.

이 녀석이 정말!
빨리 일어나지 못해?

벌떡

아, 아버지! 이 새벽에
무슨 일이세요?

아버지의 불호령에 새벽부터 일어난 순권은
영문도 모르고 밖으로 나왔습니다.

자, 이거 받아라.

이건 농사지을 때
쓰는······.

그래, 맞다.
1년 동안 빈둥거리느니
농사나 배워라.

네? 저보고 농사를
배우라고요?

순권은 갑자기 농사를 배우라는 아버지의 말에 어안이 벙벙해졌습니다.

이렇게 시작된 농사일은 하루도 쉬지 않고 계속됐습니다.

야, 똑바로 가야지. 너 자꾸 이럴 거야?

아니, 이 녀석이 이젠 움직이지도 않네?

너 이제 큰일 났다. 아버지 화나셨어!

하지만 아버지는 도리어 순권에게 화를 냈습니다.

어이구 답답해! 쟁기질을 그렇게 하면 어떡하냐?

네?

자, 내가 할 테니 잘 봐라.

당시에는 농사를 지을 때 필요한 거름으로 쓰기 위해 가축의 똥도 귀히 여겼습니다.
순권은 아버지의 지시대로 동네에 있는 소똥과 개똥을 줍기 위해 돌아다녔습니다.

어? 순권이잖아.

맞네. 그런데
여기서 뭐 해?

아, 아버지
농사일을
돕고 있어…….

순권은 오랜만에 만난 친구들에게 초라한 모습을
보인 것 같아 부끄러웠습니다.

낮에 농사일을 마치고 나면 밤에는 멸치잡이가 시작됐습니다.

친구들이 날 뭐라고 생각할까? 뒤에서 수군거리겠지?

더 세게 해라. 그래야 멸치가 그물 쪽으로 모이지!

네, 아버지!

콱

콱

휙~

순권아, 지금이다! 얼른 발을 굴러라!

아버지를 통해 자신의 잘못을 깨달은 순권은 부지런히 농사일을 배웠습니다.
고생하는 부모님에게 도움이 되고 싶었기 때문입니다.

이렇게 가운데
흰 선이 있는 게 바로 피란다.
피를 뽑아 줘야 벼가
잘 자란다.

우아, 벼랑
비슷하게 생겼네요!

*물꼬: 논에 물이 넘어 들어오거나 나가게 하기 위하여 만든 통로

아버지, 비가 점점
많이 와요.

서둘러라. 이렇게
*물꼬를 터 줘야 논이 물에
잠기지 않는다.

쏴아아아~

순권은 곡식이 밥상에 오르기까지 농부들의
엄청난 노력이 필요하다는 것을 알게 됐습니다.

순권은 누렇게 익어가는 가을 들판을 바라보며 큰 보람을 느꼈습니다.

제가 뭘요.
아버지께서 저 때문에
고생이 많으셨죠.

순권아, 1년간
농사짓느라 수고했다.

어? 아버지,
그건 뭐예요?

이건 농약이다.
벼가 여물 때 농약을
쳐 줘야 *도열병이
생기지 않지.

치이익

*도열병: 벼 품종에 많이 생기는 병의 하나

아버지,
박씨 아저씨네 논이
좀 이상해요! 벼 이삭이 모두
하얗게 변했어요!

도열병에 걸렸구나.

도열병에 걸린 벼는 알맹이가 여물지 못하고
말라 죽기 때문에 농가에 큰 피해를 줬습니다.

그래서 가난한 농민들은 약을 치지 못해 병충해로
한 해 농사를 망치면 집안이 기울기도 했습니다.

며칠 뒤

저 집이에요.
사람이 죽어 가요!

어? 저긴
박씨네 집인데?

웅성

웅성

농약을 못 쳐서 농사를
망쳤다더니······.

이걸 어쩌면
좋아.

당시 농약은 꽤 비싼 편이라 약을 치지 못하는 집도
많았습니다. 이 때문에 한 해 농사를 망친 농민은
절망에 빠져, 스스로 목숨을 끊기도 했습니다.

흑흑

박씨 아저씨가
돌아가시다니······.

그날 밤, 순권은 좀처럼 잠이 오지 않았습니다.

한 해 내내 고생해서
지은 농사를 망쳤으니 아저씨가
얼마나 괴로우셨을까?

왜 농민들은
늘 고생만 하는 거지?
너무 속상해……

그래, 농민들이
잘살 수 있는 방법을 내가
꼭 찾아내겠어.

우리나라 지역 특산물

기후와 계절에 따라 자라는 농작물이 각각 다릅니다.
우리나라 안에서도 지형과 기후의 특성에 따라 지역별로
다양한 특산물이 있습니다. 특산물은 어떤 지역에서 특별히
생산되는 산물을 말합니다. 우리나라 지형과 기후의 특징과
각 고장을 대표하는 특산물이 무엇인지 살펴볼까요?

우리나라 국토의 모양과 특징

인공위성에서 바라본 한반도

우리나라는 한 면은 육지와 이어지고 삼면이 바다로
둘러싸인 반도입니다. 동쪽, 서쪽, 남쪽이 바다와
접하고 있습니다. 땅의 모양은 동고서저, 즉
동쪽은 높고 서쪽은 낮은 지형을 갖고 있습니다.
우리나라는 국토의 70%가 산지인데요. 대부분이
북쪽과 동쪽에 있습니다.

강은 높고 험한 산이 있는 동쪽과 북쪽에서
낮은 서쪽과 남쪽으로 흐릅니다. 서쪽은 강물이
흘러가는 하류 지역이라 평야가 많습니다. 강이
주변 땅을 깎아 내고, 강물이 운반한 흙이 쌓이기
때문입니다. 이를 퇴적 지형이라고 하는데, 땅이
기름져 농사를 짓기에 적당합니다.

who? 지식사전

날씨와 기후

기후는 어떤 지역의 기온, 강수량, 바람 등을 오랜 시간 동안 평균적으로 계산한 것을 말합니다. 강수량은 비뿐만 아니라
눈, 안개, 우박 이슬 등 하늘에서 내린 물의 양을 합한 것입니다. 날씨는 매일매일 비, 바람, 기온 등이 나타내는 기상 상태를
말합니다. 특정한 날씨가 오랜 기간 반복되면 특정한 기후가 되는 것입니다.

우리나라 기후의 특성

우리나라는 온대 기후입니다. 기후를 결정짓는
데는 3가지 요소가 있습니다. 기온, 바람,
강수량입니다.

우리나라 기후의 특성은 북쪽 대륙성 기후의
영향으로 1년 중 가장 낮은 온도와 가장 높은
온도의 차이가 큽니다. 남북으로 길게 뻗은 땅
모양으로 남과 북의 기온 차가 큽니다.

태백산맥을 중심으로 동서의 기온 차도 큽니다.
동해안 겨울 날씨는 서해안보다 포근합니다.
태백산맥 동쪽을 '영동 지방' 서쪽을 '영서
지방'이라고 하는데요. 영동 지방은 태백산맥이
차가운 바람을 막아 주고, 동해에 따뜻한
해류가 흐르기 때문입니다.

붉은색으로 표시한 부분이 태백산맥입니다.

계절에 따라서도 바람이 부는 방향이
변화합니다. 대륙과 바다의 온도 차이로 인해 겨울에는
시베리아에서 차갑고 건조한 북서풍이, 여름에는 따뜻하고
습한 남동 또는 남서풍이 불어옵니다.

우리나라의 평균 강수량은 약 1,300밀리미터입니다. 1년
강수량의 절반가량이 여름에 내립니다. 비가 많이 내리는
곳은 제주와 남해안 지역이며, 북부 지방은 적은 편으로
지역에 따라서도 차이가 큽니다.

높새바람

높새바람은 늦은 봄에서 초여름까지 부는 북동풍을 말합니다. '푄 현상'이라고도 합니다. 이 바람은 동해를 지나면서 습기를
머금고 영동 지방에 비를 내립니다. 그리고 영서 지방을 지날 때는 고온 건조한 바람을 남깁니다. 높새바람이 불면 기온이
높아지고, 대기가 건조해집니다. 영서 지방 농민들은 "7월 동풍이 벼를 말린다."라고 원망했습니다.

우리나라 지역별 특산물

경기도 산과 바다, 평야를 끼고 있습니다. 서쪽에 김포 평야, 남쪽에 이천 평야가 펼쳐져 있습니다. 이천 쌀은 품질과 맛이 좋기로 유명합니다. 동쪽에는 산이 많은데요. 산과 계곡이 많은 가평에는 잣이 유명합니다. 서쪽 바다의 연평도는 5~6월이 되면 꽃게잡이가 활발합니다.

이천 평야에서 쌀을 수확하는 모습

강원도 태백산맥과 바다를 품고 있습니다. 건조하고 서늘한 영서 지방은 밭에서 감자와 옥수수가 잘 자랍니다. 영동 지방은 바닷바람을 막기 위해 해안가에 소나무를 많이 심었는데, 소나무 주위에 송이버섯이 잘 자라기로 유명합니다. 동해안에서 잡은 명태는 겨울 동안 잘 말려 황태로 많이 먹습니다. 대관령 지역에서는 서늘한 기온을 이용해 '고랭지 농업'을 합니다.

고랭지 농업으로 유명한 평창의 배추밭

충청도 소백산맥을 경계로 경상도와 나뉩니다. 충청도는 주위가 산으로 둘러싸인 낮고 평평한 분지에 도시가 발달했습니다. 특히 충청북도는 바다를 접하지 않아 건조하며 햇볕이 강합니다. 이러한 지형과 기후는 밭농사를 짓기에 좋습니다.

who? 지식사전

기후 변화와 농작물

기후 변화는 지구의 평균 기온이 변하는 것을 말합니다. 우리나라도 온난화의 영향을 받아 기온이 올라가고 있습니다. 이러한 기후 변화는 지역별 특산물에도 영향을 미칩니다. 대구의 특산물 사과가 강원도 양양 지역에서 잘 자란다고 합니다. 망고, 키위, 멜론과 같은 열대작물을 남부 지역에서 재배할 수 있게 되었습니다.

충주의 사과, 영동의 포도, 금산의 인삼,
청양의 고추 또한 충청도의 특산물입니다.
단양과 서산에서 나는 마늘도 빼놓을 수
없습니다. 덥고 습한 바람이 부는 서천 지역의
한산은 모시로 유명합니다.

서산의 특산물 육쪽마늘

전라도 바다, 산, 평야가 고루 있어요. 비옥한
김제 평야에서 쌀농사를 지었습니다. 남원은
지리산에서 자라는 다양한 종류의 나무로
만든 목기가 유명합니다. 이외에 나주의 배,
무등산의 수박, 함평의 복분자 등이 있습니다. 강수량이 많고
따뜻한 보성은 차나무가 잘 자랍니다. 녹차가 유명하고,
햇볕이 강한 신안은 소금이 많이 납니다.

경상도 산지가 많지만, 바다와 낙동강이
만나는 김해에는 평야가 발달했습니다.
경상북도는 육지 안쪽에 있고 강수량이
적어, 여름과 겨울의 기온 차이가 큰 반면,
경상남도는 바다를 접하고 있어 강수량이
많고 겨울에도 포근합니다.
대구의 사과, 상주의 곶감, 영양의 고추
등이 유명합니다. 안동은 무더위를 견디기
위해 삼베로 옷을 만들어 입었습니다.

광채가 나는 조개껍데기 조각을 여러 가지 모양으로 붙인
나전 칠기

기장은 미역, 남해는 전복, 소라, 조개
등이 풍부합니다. 통영은 전복 껍데기로 꾸민 나무 공예품
나전 칠기가 유명합니다.

제주도 화산섬입니다. 바다에서 불어오는 바람은 자주 비를
몰고 오지요. 현무암이 많아 물이 땅속으로 스며듭니다.
물이 귀해 논농사보다 밭농사를 지어요. 서귀포 지역에서는
감귤을 재배하고 면이나 마에 풋감 즙으로 물들인 갈옷이
유명합니다.

농학도의 길을 가다

4

아버지는 순권이 농업 고등학교에 가는 것을 반대했습니다. 귀한 아들이 자신처럼 농사를 지으며 고생할까 봐 염려하는 마음에서였습니다.

아버지, 저는 단순히 농사만 지으려는 게 아니에요. 전문적으로 농업을 공부하고 싶은 거예요.

이 녀석이 그래도!

여보, 순권이도 다 생각이 있겠지요.

아버지는 결국 순권의 고집을 꺾지 못했습니다.

맞아요, 아버지. 저를 한번 믿어 주세요. 실망시키지 않을게요.

순권은 울산 농업 고등학교에 진학해 농업 전문가로서의 꿈을 키우기 시작했습니다.

양파 모종은 줄기가 4개 정도 나 있는 것으로 골라야 돼. 다들 직접 모종을 심어 보자.

농업 고등학교는 학생들이 직접 농사를 체험할 수 있는 실습수업이 많았습니다.

2센티미터 정도 깊이로 심어야지. 다시 해 봐라.

생각만큼 잘 안 돼요.

선생님, 한 번만 더 가르쳐 주세요.

자, 어디 보자.
다른 아이들은
잘되고 있니?

아, 아니!

순권이 좀 봐.

이걸 설마 혼자서?

허허, 순권이는
선생님이 따로 가르쳐 줄 게
없겠다.

아버지께 농사일을
배운 적이 있거든요.

순권아,
나도 좀 도와줘.

아냐,
나부터 해 줘!

아버지와 1년간 농사를 지어 본 경험이 있었던 순권은
실습 과목에서 금세 두각을 드러냈습니다.

그러던 어느 날, 순권은 우장춘 박사가 세운 시험장을 견학할 기회를 얻게 됐습니다.

여기가 우장춘 박사님의 연구 시험장이구나!

우장춘 박사는 '씨 없는 수박' 등 다양한 품종을 개량한 세계적인 *육종학자였습니다.

오, 감자도 있네?

이건 배추잖아? 우리 집에서 키우는 거랑 뭐가 다른 거지?

만지면 안 돼. 연구용으로 재배 중이거든.

앗, 죄송해요!

여기선 무엇을 연구하나요? 이렇게 보니 평범한 채소밭 같아요.

*육종학: 농작물의 품종을 개량하거나 새로운 품종을 만들어 내는 이론과 방법을 연구하는 학문

그래, 육종학!
바로 이거야!

육종학을 연구하면
농약을 치지 않아도
건강하게 자라는
벼를 만들 수 있어.

또한 열매가
많이 열리는 종자를 만들면
농민들도 잘살 수 있어.

순권은 자신의 가슴속에 뜨거운 열정이
차오름을 느꼈습니다.

그래, 반드시
육종학자가 되어서
농민들에게
보탬이 되자!

육종학자가 되기 위해 농업 대학을 진학하려고
마음먹은 순권은 열심히 공부했습니다.

어? 벌써 일 나가시나?

어머니, 저랑 같이 가요.
제가 들어다 드릴게요.

순권아, 또 밤 새운 거니?
너무 무리하면 못쓴다.

어머니는 밤잠을 설쳐 가며 공부하는
순권이가 기특하면서도 안쓰러웠습니다.

아버지께서
어서 돌아오셔야 어머니가
덜 힘드실 텐데요.

큰집에 피해가
크다는구나.
어쩔 수 없지.

순권의 아버지는 태풍으로 피해를 입은
큰아버지 댁의 일을 도우러 가 있었습니다.

그러던 어느 날

제일병원

대체 이게
어찌 된 일이에요!

흑흑, 순권아!

아버지…….

큰아버지 댁에서 집수리를 돕던
아버지가 필요한 목재를 사오다가
교통사고를 당하고 말았습니다.

이제 대입 시험이 얼마 안 남았으니 다들 열심히 해라.

네, 선생님!

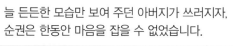

늘 든든한 모습만 보여 주던 아버지가 쓰러지자, 순권은 한동안 마음을 잡을 수 없었습니다.

이런 형편에 내가 대학에 갈 수 있을까? 그건 너무 사치가 아닐까?

순권은 힘든 때일수록 더욱 열심히 공부하기로 다짐했습니다.

방법은 하나뿐이야. 전액 장학금을 받는 것.

장학금을 받으면 대학에 다닐 수 있어. 꼭 받고야 말겠어!

아버지를 생각하며 열심히 공부한 순권은
마침내 경북 대학교 농과 대학에 합격합니다.

여기, 합격증이에요.

네, 감사합니다.

농과 대학 사무실

순권은 대학에는 합격했지만 마음껏 기뻐할 수 없었습니다.
안타깝게도 장학금은 받지 못했기 때문입니다.

당장 입학금을
낼 돈이 없는데
어쩌지……

이건 입학금
고지서예요. 다음 주까지
내지 않으면 합격은
취소됩니다.

나도 저렇게
대학에 다닐 수 있다면
얼마나 좋을까?

몇 달 사이에 순권의 집안 형편은 더욱 나빠진 상태였습니다.
아버지가 몸져누우면서 가족들은 당장 먹고살기도 빠듯한 상황이었습니다.

아버지, 주무세요?

저, 오늘 합격증을 받았어요.

그렇지만 대학은 다니지 못할 것 같아요.

짝―

어려운 집안 형편에 대학을 다니는 것이 무리라고 생각한 순권은 입학을 포기하기로 합니다.

장학생이 되어서 당당하게 말씀드리고 싶었는데…… 정말 죄송해요, 아버지.

순권아…….

며칠 뒤

어머니,
논둑을 정리하고 올게요.
그래야 봄에
농사짓기 편하죠.

할 말이 있으니
잠시 들어오너라.

어머니, 이게 뭐예요?

풀어 보렴.

돈이잖아요!
이렇게 많은 돈을
어디서……

남은 논이랑
멸치잡이 배를 팔았다.
이 정도면 입학금은
될 거다.

어머니!

부모님의 헌신적인 노력으로 대학에 다니게 된 순권은 누구보다 열심히 공부했습니다.

같이 점심이라도 먹자.

어? 순권아, 어디 가?

미안, 바쁜 일이 있어서 먼저 갈게.

순권이는 맨날 뭐가 저렇게 바쁜 거야?

그러게 말이야. 수업만 끝나면 사라져 버리고.

하아~

휴~
겨우 시간 맞췄네.

순권은 친척들을 가르치며 번 돈으로 학비를
마련했습니다. 눈코 뜰 새 없이 바쁜 나날이었지만
공부할 수 있다는 것만으로도 행복했습니다.

순권아, 순권아!

무슨 일이야?

큰일 났어, 순권아.

너희 아버지가
위독하시다고 연락이 왔대.

뭐라고?

흑흑

아버지, 저예요.
순권이에요.

순권아, 우리 아들 왔구나.
널 못 보고 가는 줄 알았다.

순권아, 큰사람이 되거라.
너 자신을 위해서가 아니라 나라를 위해서
일하는 큰사람 말이다.

아버지,
그런 말씀 마세요.
다시 기운 차리셔야죠.

네, 아버지.
명심할게요.

네 어머니는
못난 남편 만나서 평생 고생만 했다.
그러니 잘 돌봐 드려라.

여보! 흑흑……

흑흑

그럼…… 너만 믿으마.
잘 부탁한…….

아버지는 순권에게 유언을 남긴 채
조용히 눈을 감았습니다.

여보!

아버지!

아버지, 이제 마음 편히 쉬세요.
제가 아버지 말씀대로 반드시 훌륭한 사람이 될 테니,
하늘에서 꼭 지켜봐 주세요!

엉엉-

새롭게 만들어진 농산물

양배추, 브로콜리, 콜라비는 식탁에서 자주 보는
채소입니다. 이들의 공통점은 무엇일까요? 모두 야생
겨자에서 비롯된 채소라는 점입니다. 야생 겨자의 끝눈을
개량하여 만든 것이 브로콜리, 꽃과 줄기를 새로 만든
것이 양배추, 줄기를 새로 만든 것이 콜라비입니다.
마트에 진열된 온갖 과일, 간식으로 먹는 감자튀김도
모두 품종을 개량한 것입니다.

야생 겨자의 품종 개량으로
우리는 다양한 채소를 먹을 수
있게 되었습니다.

왜 품종 개량을 할까요?

오래전부터 사람들은 식물과 과일이 지닌 특징을
재배하기 편하게 변화시켰습니다. 이를 품종
개량이라고 해요. 우리가 즐겨 먹는 사과를
살펴볼까요?
야생 사과는 구슬만한 것부터 야구공만한 것까지 크기도
제각각에 빛깔도 노란색, 푸른색, 빨간색, 보라색까지
다양했어요. 맛도 사람이 먹기에 적당하지 않았답니다.
사람들은 단맛을 높이고, 열매에서 씨를 둘러싸고 있는 부분인
과육의 크기를 늘렸습니다. 신품종이 만들어진 덕분에
우리는 달콤한 사과를 풍족하게 먹을 수 있게 되었습니다.
키위는 뉴질랜드를 대표하는 과일입니다. 원래 모습은
중국에서 건너간 다래입니다. 원예학자가 다래를 개량하여
오늘날 우리가 먹는 키위라는 새로운 품종을 만든 것이죠.
우리나라에서도 해금 키위라는 신품종을 만들었습니다.
한라봉, 방울토마토 등도 새롭게 만들어진 농산물입니다.

보통 키위보다 더 달콤한 품종으로 개발된
골드키위. 속살이 노란 것이 특징입니다.

품종 개량은 어떻게 하나요?

야생 품종을 개량하거나 새로운 품종으로 만들어 내는 것을

'육종'이라고 합니다. 병충해에 강한 벼,
수확량이 많은 밀 등도 모두 육종학이 일군
성과입니다.

육종학자들은 어떻게 품종을 개량할까요?
우선 우수한 종자를 따로 분리하여
길러낸 후, 새로운 종자를 얻기 위해
교배를 합니다. '가루받이'라고도 하는
교배는 수꽃이삭의 꽃가루를 받아 암꽃
머리에 묻혀 주는 일입니다. 같은 종류의
식물끼리 교배시키는 것을 '동종 교배',
다른 종류 식물끼리 교배시키는 것을 '이종
교배'라고 합니다.

농작물을 살펴보는 연구원

유전자를 변형한 작물도 개발되고 있습니다. 유전자를
조합하는 기술이 발전하면서 방사선이나 화학 물질을
처리하여 돌연변이를 일으킵니다. 유용한 돌연변이가 일어난
농작물은 종자를 많이 길러냅니다. 분자 생물학의 발전으로
새로운 세포를 만드는 데에도 성공하였습니다. 이를 '분자
육종'이라고 합니다. 우리나라 토종 품종 고추에 멕시코산
고추에 들어 있는 질병에 강한 유전자를 결합한 새로운 품종의
고추를 만들기도 했습니다.

who? 지식사전

품종 개량은 농작물만 하나요?

품종 개량은 농작물은 물론 가축과 꽃도 합니다. 가축의 생산성을
올리고, 질을 높이는 것입니다. 우유를 많이 생산하는 젖소, 집 안에서
기르는 작고 귀여운 애완견 등도 모두 품종을 개량한 것입니다. 이로써
농민들은 더 많은 소득을 올리게 되고, 소비자들은 필요한 것들을
풍족하게 얻을 수 있게 되었습니다.

젖소는 우유를 많이 생산하도록 개량된 품종입니다.

육종학이 이룬 눈부신 성과

미국을 대표하는 농학자 노먼 볼로그 박사는 멕시코에서
밀에 관해 연구했습니다. 20여 년간 밀을 연구한 그는 질병에
강하고 더 많이 수확할 수 있는 새로운 종자를 만들어 내는
데 성공했습니다. 그 결과 멕시코의 밀 생산량은
여섯 배가 늘어났고, 다른 나라에 밀을 수출하게
되었습니다.

파키스탄과 인도 역시 신품종 밀을 심어 수확량을
두 배나 늘렸습니다. 노먼 볼로그 박사는 새로운
품종의 밀을 만들어 전 세계 2억 4,500만 명을
굶주림에서 구해냈습니다. 1970년, 그 공로를
인정받아 노벨 평화상을 받게 되었습니다.

미국의 바바라 매클린톡은 옥수수를 연구한
농학자입니다. 노란색과 붉은색, 검은색이 섞인 특이한
옥수수에 관심을 가졌지요. 1951년 그는 옥수수의
비밀을 풀어냈습니다.

'녹색 혁명의 아버지'라고 불리는
노먼 볼로그

'트랜스포존'이라는 유전자가 색소 유전자에 들어가
다양한 색깔의 옥수수 낟알을 만든다는 사실을
밝혀낸 것입니다. '트랜스포존'은 이리저리 움직이는
유전자로, 마치 메뚜기처럼 뛴다고 해서 '점핑
유전자'라고도 합니다.

당시 유전학이 발전하지 않아, 유전자가
움직인다는 사실을 알지 못했답니다. 10년 후
유전학 연구가 이루어지면서 바바라 매클린톡의
연구가 옳았다는 것을 알게 되었습니다. 그가
밝혀낸 옥수수 유전자 지도 덕분에 유전학은
크게 발전했습니다. 이 공로로 1983년 바바라
매클린톡은 노벨 생리 의학상을 받았습니다.

워싱턴 D.C 자연사 박물관에 전시된 매클린톡의 현미경과
옥수수

육종학의 미래는?

세계 여러 나라는 재해나 재난이 발생할
것을 대비하여 일정한 양의 식량을
준비하고 있습니다. 일정한 양의 식량을
스스로 생산하지 못하면 나라가 위험에
처할 수 있기 때문입니다. 그만큼
농산물의 종자를 확보하는 것은
중요해졌습니다.

다양한 종류의 씨앗들

세계 종자 시장은 점점 커지고
있습니다. 농업 종자 대부분은 미국
몬산토, 스위스 신젠타, 일본 사카다
등 다국적 기업들이 가지고 있지요.
우리나라는 약 67%의 종자를 외국 기업으로부터 수입하고
있습니다. 고추, 무, 배추와 같은 농산물 종자도 들여오는데,
수입 종자를 복제하여 사용할 경우 특허권을 가진 회사에
사용료를 내야 합니다. 우리나라의 농업이 경쟁력을 갖추려면
국산 품종을 개발해야 합니다.
한편 '세계 곡물 다양성 트러스트(GCDT)'라는 단체는 2008년
노르웨이 정부의 지원을 받아 '국제 곡물 저장고'라는 종자
은행을 설립했습니다. 이 저장고는 소행성 충돌이나 북극의
빙하가 모두 녹아도 견딜 수 있는 설비를 갖추었습니다.
미래의 후손을 위해 지구상에 존재하는 300만 여종의 종자를
보관하고 있습니다.

who? 지식사전

종자 특허

종자는 단순한 식량 자원이 아닙니다. 육종 기술을 개발하는 유전 정보를 지니고 있기 때문입니다. 따라서 종자를 식량
자원인 동시에 지식 재산이라고 합니다. 국제 식물 신품종 보호 연맹(UPOV) 협약에 기초하여 식물 신품종 보호 제도 특별법
및 특허법에 의해 재산으로 보호받을 수 있습니다.

5 더 넓은 세상을 꿈꾸며

어느덧 순권은 대학 졸업반이 됐습니다.

이번 시험 범위는 6단원까지입니다. 다들 열심히 공부하길 바랍니다.

이 과목 엄청 어려운데 어떡하지?

순권아, 너 필기한 것 좀 보여 줘라. 넌 공부 잘하잖아.

그래, 알았어.

어? 이건 육종학 책이잖아?

그렇지만 육종학으로는 출세하기 힘들 텐데.

응, 난 육종학에 관심이 많아서…….

맞아. 농업 경제학을 공부해야 돈을 많이 벌 수 있대.

당시 육종학은 우리나라에서 매우 생소한 분야였기 때문에 농업을 전공하는 학생들은 대부분 농업 경제학 위주로 공부하려고 했습니다.

하지만 육종학자는 순권의 오랜 꿈이었습니다.

훌륭한 육종학자가 되어서 농민들에게 보탬이 되자!

하지만 우리 집 사정을 생각하면 당장 돈을 벌어야 할 텐데. 어쩌면 좋지?

어? *농촌 진흥청에서 사람을 뽑는다고?

게 시 판

구인공고

구인 공고

농촌 진흥청에서는 대한민국 농업 미래를 책임질 유능한 인재를 모시고 있습니다.

농촌 진흥청장

*농촌 진흥청: 농림 수산 식품부 소속의 중앙 행정 기관으로 농촌 진흥에 관한 실험 연구 · 계몽 · 기술 보급 따위의 사무를 맡아봅니다.

얼마 뒤

순권이 처음 배정받은 곳은 '옥수수과'였습니다.

여기 자료가 많이 있으니 참고하게.

네, 감사합니다.

순권은 농촌 진흥청에 들어가서 일하게 됐습니다.
이곳은 식물 육종에 관련된 업무를 하면서도
돈을 벌 수 있기에 내린 선택이었습니다.

옥수수는 돈이 적게 들어서 가난한 농민들도 많이 키우는군.

옥수수는 육종으로 품종 개량을 했을 때 효과가 가장 좋다고?

옥수수, 이 녀석! 알면 알수록 매력적인 녀석인데?

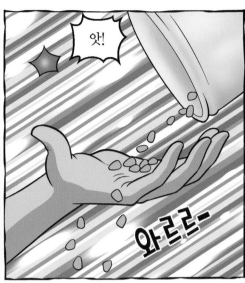

앗!

와르르-

어휴, 잔뜩 쏟아졌네.

근데 이건 무슨 기사지?

특집 인터뷰

노벨 평화상 받은 육종학자 '노먼 볼로그'

세계적인 육종학자 노먼 볼로그는 '밀'을 품종 개량해서 생산량을 두 배 이상 늘린 '녹색 혁명'을 일으켰다. 전 세계의 식량 문제 해결에 크게 기여한 공적을 인정받아 노벨 평화상 수상자가 됐다.

육종학 연구로 노벨 평화상을 받다니 정말 대단해!

밀이 성공했다면 옥수수도 가능하지 않을까?

옥수수에서 희망의 씨앗을 찾은 순권은 그날 이후 옥수수 연구에 매달리기 시작했습니다.

또한 육종에 대한 전문 지식을 쌓기 위해 고려 대학교 대학원에 진학했습니다.
순권은 열심히 공부하면 할수록 점점 배우고 싶은 것이 많아졌습니다.

그러던 어느 날, 순권은 뜻밖의 소식을 듣게 됩니다.
동서문화센터에서 미국 유학생을 뽑는다는 것을 알게 된 것입니다.

몇 달 뒤 치러진 시험에서 단 한 명의 합격자는 바로 순권이었습니다.

합격자
김순권

순권은 매일 영어 학원을 다니며 미국 유학을 차근차근 준비했습니다.

벌떡

그러다가 학원에서 만난 한은실이라는 여대생에게 첫눈에 반하고 말았습니다.

저, 저기요. 잠깐만 시간을 내 주세요.

전 그쪽이랑 사귀고 싶지 않다고 했잖아요! 더 이상 귀찮게 하지 마세요.

휙

하지만 은실은 순권을 차갑게 대했습니다.

얼마 있으면 저는 미국 하와이로 유학을 떠납니다. 그 전에 꼭 드리고 싶은 게 있어서요.

이 옥수수는 그냥 평범한 옥수수가 아니에요. 제 꿈과 미래가 담긴 옥수수란 말입니다!

뭐, 뭐라고요?

옥수수를 선물로 내미는 순권의 황당한 고백에 은실은 어쩔 줄 몰라 했습니다. 결국 순권은 은실과 결혼하지 못한 채 미국행 비행기에 몸을 실었습니다.

제발 저와 결혼해 주세요!

이, 이건 옥수수잖아요.

난생처음 비행기를 타고 온 순권은 숙소에 도착해 곤히 잠들어 있었습니다.

어휴, 이게 무슨 소리야?

저건 자동 물뿌리개잖아?

쏴아아~

우리나라는 농사지을 물도 부족해서 난리인데 이곳은 잔디밭에 자동으로 물을 뿌리는 기계까지 있다니…….

순권이 놀란 것은 이뿐만이 아니었습니다.

우리나라의 어지간한 부자 못지않은 생활이야. 농민도 이렇게 잘살 수 있다니!

좋아, 이곳에서 농민도 잘살 수 있는 비결을 꼭 배워 가겠어!

각종 첨단 기기로 편하게 농사지으면서도 부유하게 사는 미국 농촌의 모습에 순권은 깊은 감명을 받았습니다.

하와이 주립 대학교에서 유학을 하는 동안
순권은 누구보다 열심히 공부했습니다.

어? 브루베이커
교수님이잖아?

또 농장에
가시는 모양이야.

맞아, 수업이 없으면
늘 농장에서 사신다니까.

브루베이커 교수가 쓴 책은 미국 명문 농과 대학에서
교재로 사용될 만큼 훌륭한 육종학자로 인정받고 있었습니다.

그렇게 유명한 교수님이
직접 농장에 가신다고?

얼마 뒤 순권은 브루베이커 교수가 일하고 있는
옥수수 농장을 찾았습니다.

하하! 박사님,
또 옥수수에게 말 거시네.

박사님에게
옥수수는 자식이나
다름없다니까?

얘들아, 오늘은
기분이 어떠니?

이미 세계적인 농학자인데도 몸을 사리지 않고 연구에
힘쓰는 모습을 보며, 순권은 큰 감동을 받았습니다.

저분이야말로
진정한 농학자라고
할 수 있어. 어떻게든
교수님께 인정받도록
열심히 하자!

하와이는 열대 지방이어서 1년 내내 옥수수 농사가 가능합니다. 오늘은 우선 씨를 뿌리는 작업부터 시작합시다.

네, 교수님!

학생들은 브루베이커 교수의 지도로 열심히 옥수수 농사를 지었습니다. 하지만 뜨거운 태양 아래서 농사를 짓는 것은 결코 쉬운 일이 아니었습니다.

순권은 미국 정부의 초청으로 유학 온 장학생이기 때문에 농장에 나가지 않아도 됐지만,
옥수수 농장에서 누구보다도 열심히 일했습니다.

순권, 넌 힘들지도
않니?

그래, 너도
좀 쉬었다가 해.

넌 농장에 나와서
일하지 않아도 되잖아.
왜 매일 힘들게
나오는 거야?

책으로만 배우는 건
한계가 있잖아. 난 이렇게 직접
옥수수를 만지며 배우는 게
훨씬 많다고 생각해.

하여간 순권이 부지런한 건
알아줘야 해.

하하하

브루베이커 교수 역시 순권을
점점 눈여겨보기 시작했습니다.

다음날 새벽

오늘은 옥수수 교배를 시키는 날이지. 할 일이 많으니 서둘러야겠어.

다다다

아, 아니!

벌써 교배가 다 끝났잖아? 대체 이게 어찌된 일이야?

어, 교수님. 안녕하세요?

아니 자네? 대체 언제부터 나와 있었던 건가?

순권이 이른 새벽부터 나와 옥수수 교배를 해 둔 것이었습니다. 브루베이커 교수는 순권의 성실함과 열정에 큰 감동을 받았습니다.

브루베이커 교수의 신뢰를 얻은 순권은 일을 시작한 지 2주 만에
농장 전체의 관리를 맡게 되었습니다. 뿐만 아니라 브루베이커 교수는
자신이 알고 있는 육종학 지식을 순권에게 빠짐없이 가르쳐 주었습니다.

농약에 의존해서는 안 되네.
여러 품종을 교배해서 병충해에
강한 품종을 만들어 내는 것이
우리 육종학자들의 목표지.

네, 교수님.
명심하겠습니다!

이처럼 유학 생활에 빠르게 적응한 순권이었지만
마음 한 켠은 늘 허전함을 느꼈습니다.

은실 씨는 한국에서
잘 지내고 있을까?

더 넓은 세상을 꿈꾸며 **109**

한국에 있던 은실 역시 순권의 빈자리를 느끼고 있었습니다.

어머, 이건?

오랜 시간 서로 편지를 주고받으며 마음을 확인한 두 사람은 1972년 9월, 미국 하와이에서 결혼식을 올렸습니다.

은실은 미국에서 보내온 순권의 편지를 받고 마음이 설레였습니다.

보내는 사람
━ ━ ━ 김순권
받는 사람

가정을 꾸리게 되면서 마음의 안정을 얻은 순권은
더욱 열심히 육종학 연구에 매진했습니다.

이렇게 노력한 덕분에 순권은 3년 3개월 만에
석사와 박사 학위를 모두 받을 수 있었습니다.

남들은 6년이 걸려도
못 끝내는 일을 3년 만에
해내다니! 정말 대단하네.

이게 다 교수님
덕분입니다.

김순권표 옥수수

육종학자의 연구는 손이 많이 가는 연구입니다. 작물이 자라는 모습을 놓치지 않아야 합니다. 새로운 품종의 옥수수를 얻기 위해서 서로 다른 종자끼리 교배를 시켜야 새로운 옥수수가 되기 때문입니다. 김순권 박사가 직접 교배시킨 옥수수는 셀 수 없을 정도로 많습니다. 손발이 부르트도록 노력한 김순권 박사는 마침내 새로운 옥수수 종자를 개발했습니다.

수원 19호

김순권 박사는 농촌 진흥청에서 옥수수 품종을 개량했습니다. 우리나라 사람들이 주로 먹는 곡식은 쌀과 보리입니다. 당시 농촌 진흥청에서는 신품종 쌀을 개발하는 데 온 힘을 쏟아야 했습니다. 옥수수에 관심을 두는 연구원은 많지 않았습니다. 그러나 김순권 박사는 옥수수를 연구하면 할수록 옥수수 육종에 더 깊이 빠져들었습니다. 육종학이 가장 발전한 미국에 가서 공부하고 싶었습니다. 당시 우리나라의 육종학은 뒤떨어져 있었기 때문입니다.

미국의 하와이 주립 대학교에서 3년 반의 유학 생활을 마치고 돌아온 김순권 박사가 처음 만들어 낸 종자가 '수원 19호'입니다. 이전에 연구원들이 만든 종자가 1호에서 18호까지 있었습니다. 아쉽게도 농민들이 재배하는 단계까지 이르지 못했던 것입니다.

땅에 씨앗을 심는 농부의 손

우리나라 토양과 기후에 맞는 수원 19호는 잘 자랐습니다. 당시 전국 농민에게 보급된 수원 19호는 20년간 우리나라를 대표하는 옥수수로 자리매김했습니다.

오바슈퍼 1호

수원 19호가 성공을 거두자, 김순권 박사는 아프리카에 갔습니다. 아프리카 나이지리아에 있는 '국제 열대 농업 연구소'에서 옥수수 종자를 만들었습니다. 아프리카의 기후는 1년 내 농사를 지을 수 있습니다. 그러나 병충해가 극성을 부렸습니다. 추운 겨울 병균과 해충이 얼어 죽는 우리나라와 달리, 아프리카는 1년 내내 따뜻하기 때문입니다. 김순권 박사는 병충해에 강한 옥수수 종자를 만들기로 했습니다. 한국에서 가져간 옥수수 종자를 교배하여, 병충해에 강한 옥수수를 만들었습니다. 이어 수확량도 많고, 가뭄에 강한 품종을 만들었습니다.

마침내 '악마의 풀'이라고 불리는 스트라이가에 영향을 덜 받는 품종, '오바슈퍼 1호'와 '오바슈퍼 2호'를 개발한 것입니다. 방식도 스트라이가를 완전히 없애는 것이 아닌 스트라이가에 강한 품종을 개발했다는 것입니다. 덕분에 농민들이 마음껏 옥수수를 심을 수 있게 되었습니다. 이로써 굶주리고 있던 아프리카 사람들을 구할 수 있었습니다.

'악마의 풀'이라고 불리는 스트라이가
© Marco Schmidt

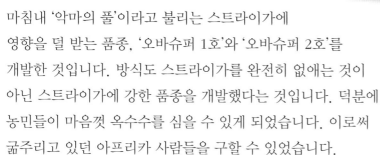

who? 지식사전

옥수수의 기원

옥수수는 아메리카 원주민들이 처음 재배하기 시작했습니다. 중앙아메리카와 남아메리카 원주민들이 현재 재배되는 옥수수의 조상으로 여겨지는 '테오신테'를 개량했습니다. 테오신테는 우리가 알고 있는 옥수수와 생김새가 다릅니다. 크기도 작고, 낟알도 작습니다. 원주민들이 오랜 세월 끊임없이 품종을 개량해, 점차 크기가 커지고 많은 양을 수확하게 되었습니다.

맨 위의 작물이 테오신테 © John Doebley

강냉이 19호

김순권 박사는 17년간 아프리카에서 옥수수를 연구한 뒤 1995년 한국에 돌아왔습니다. 노벨상 후보에 다섯 번이나 오를 만큼 성과를 인정받았습니다. 그러나 김순권 박사는 노력을 멈추지 않았습니다. 식량이 넉넉하지 않아 고생하는 북한 주민들을 돕겠다는 목표를 세웁니다.

옥수수와 김순권 박사의 모습

김순권 박사는 경북 대학교 '국제 농업 연구소' 농장에서 북한의 기후와 토양에 맞는 옥수수 품종을 찾아내기 시작했습니다. 1998년부터 59차례나 북한을 드나들며 연구했습니다. 북한의 옥수수 종자 Mo17호와 남쪽에서 가장 많이 재배하고 있던 Ks6호 종자를 교배시켰습니다. 마침내 1999년, 두 종자의 교배종 강냉이 19호를 개발했습니다. 자신의 손으로 만든 신품종의 옥수수를 북한 땅에 심을 수 있게 된 것입니다. 강냉이 19호는 잘 자랐고, 수확량이 20%나 늘었습니다. 현재 아프리카와 북한에서 재배되는 옥수수 종자의 50%가량이 김순권 박사가 연구한 것입니다.

who? 지식사전

옥수수의 생장

옥수수 꽃

옥수수는 한해살이 식물입니다. 우리나라에서는 4~5월에 씨를 뿌리면 6월에 꽃이 피지요. 옥수수는 암꽃과 수꽃이 한 그루에서 따로 핍니다. 수꽃은 옥수수 줄기 꼭대기 부분에 피고, 암꽃은 흰 수염이 기다랗게 늘어진 모습입니다. 암꽃 머리에 수꽃 가루를 묻히면 열매가 맺히기 시작합니다. 옥수수는 심은 지 4~5개월이면 수확할 만큼 생장이 빠릅니다.

사탕 옥수수

옥수수는 익을수록 단맛이 줄어듭니다. 익으면 익을수록
낟알 속 수분이 줄어들고, 당분이 녹말로 바뀌기 때문입니다.
수확한 옥수수는 시간이 지날수록
단맛이 줄어들기 때문에 가능한 한
빨리 먹어야 합니다.
2007년, 김순권 박사는 10여 년의
연구 끝에 단맛을 오래 유지하는
신품종 옥수수를 개발했습니다.
그건 바로 사탕 옥수수입니다. 사탕
옥수수는 기존 옥수수보다 두 배
이상 달콤합니다. 당도를 유지하는
기간도 사흘에서 일주일 정도로
길어졌습니다. 병충해가 없는
시기에 수확하기 때문에 재배할 때
농약을 뿌리지 않아도 됩니다.
껍질이 얇아 낟알이 부드러운 사탕 옥수수는 익히지 않고
먹을 수 있습니다. 달콤한 맛으로 사람들의 입맛을 사로잡은
사탕 옥수수는 초여름을 대표하는 간식이 되었습니다.
김순권 박사의 신품종 단옥수수는 동남아시아 10개국에까지
보급되었습니다.

국제 옥수수 재단 창립 당시 사진(가운데가 김순권 박사입니다.) ⓒ 연합뉴스

옥수수 품종

옥수수는 종자의 모양과 성질에 따라 구분하며 품종에 따라 쓰임이 다릅니다. 말의 이빨 모양처럼 생긴 마치종은 낟알이
굵고 수확량이 많아 동물의 사료용과 공업용으로 쓰입니다. 우리가 먹는 품종은 맛이 좋은 경립종입니다. 이 가운데 낟알이
작고 거의 껍질로 된 폭립종은 팝콘을 만들 때 쓰입니다. 감미종은 단맛이 강한 품종인데 주로 통조림을 만들 때 사용됩니다.
미국에서 개발한 감미종 옥수수는 스위트콘이 있습니다. 스위트콘보다 더 달콤한 옥수수를 슈퍼 스위트콘이라고 합니다.

6 노력과 땀의 결실

또 미국 종자 회사에서 온 편지인가요?

나를 고용하고 싶다는군요.

당신 생각은 어때요?

이런 회사에 들어가면 돈은 많이 벌 수 있겠죠. 하지만……

순권은 브루베이커 교수에게 작별을 고하고 한국으로 돌아왔습니다. 미국에서의 성공보다는 조국을 위해 일하는 것이 더욱 중요하다고 여겼기 때문입니다.

감사합니다.
열심히 하겠습니다.

어서 와요, 김 박사.
한국에 돌아온 것을
환영합니다.

우리나라에서
옥수수 농업은
어떤가요?

아무래도 재래종
옥수수를 키우는 농민이
많죠. 아니면 합성종을
쓰기도 하고요.

순권은 즉시 농촌 진흥청에 있는 연구용 옥수수밭으로 향했습니다.

음…… 역시 우리나라는
아직까지 교잡종 옥수수를
기르지 않는군.

육종학에서 옥수수는 크게 재래종, 합성종, 교잡종으로 나눌 수 있습니다. 예전부터 있었던 종자를 재래종, 서로 다른 종자가 자연적으로 교배된 것을 합성종, 사람이 인위적으로 교배한 것을 교잡종이라고 합니다.

재래종과 합성종은 품질이 뒤떨어져. 교잡종보다 열매도 많이 열리지 않고 말이지……. 우리나라에도 교잡종 옥수수가 필요해!

그래! 미국보다 더욱 우수한 교잡종 옥수수를 만들어 내는 거야!

순권은 옥수수밭에서 살다시피 하며 옥수수 교배에 열중했습니다.

아니, 김 박사님은 아직도 일하고 계시네?

말도 마. 매일 새벽에 나와서 밤 늦게나 들어 가신다니까?

낮이나 밤이나 옥수수밖에 모른다잖아. 아주 지독하다고 소문이 났더라고.

끄응…… 끄응…….

여보, 왜 그래요? 어디 아파요?

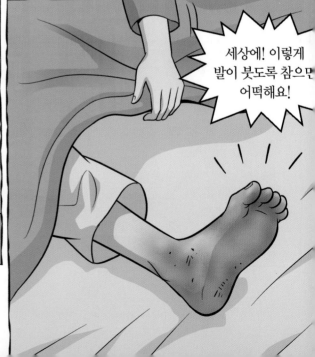

세상에! 이렇게 발이 붓도록 참으면 어떡해요!

120　김순권

푹자고 나면 괜찮을 거예요.

어휴, 이게 대체 몇 달째예요? 그 넓은 옥수수밭을 당신 혼자 다니면서 연구하는데 몸이 남아나겠어요?

미안해요……. 분명히 좋은 결과가 나올 테니 조금만 기다려 줘요.

휴~ 기다려요. 찜질이라도 하고 자야죠.

순권은 몸을 사리지 않고 옥수수 교잡종 연구에 매달렸습니다. 우리나라 토질에 맞는 옥수수 종자를 하루빨리 얻기 위해서였습니다.

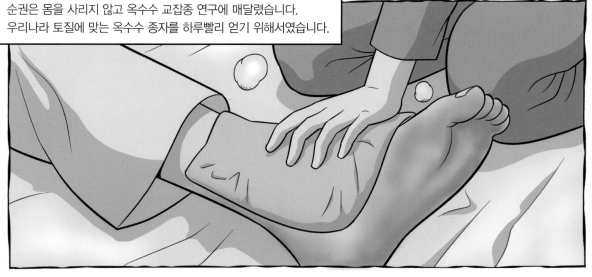

당시 우리나라에서는 교잡종 옥수수에 대해 부정적인 시선이 많았습니다.

그동안 우리나라는 교잡종 옥수수가 성공한 적이 없습니다!

맞아요. 외국 농업 전문가들도 불가능하다고 하던데 김순권 박사가 괜한 고집을 부리는 것이죠.

뿐만 아니라 순권을 질투하거나 비방하는 사람들도 많았습니다.

김순권 박사가 하와이에 간 게 종자 때문이 아니라 놀러 간 거라며?

그래, 미국에서 박사 학위 딴 것도 거짓이라는 소문이 있어.

어머, 그게 정말이에요?

지금 농촌 진흥청에는 김 박사를 지지하는 사람이 한 명도 없습니다.

뭐라고요?

내가 결국 이 꼴을 당하려고 그렇게 고생을 해서 종자를 만들었단 말인가!

김 박사, 이 옥수수들을 심었다가 실패하게 되면 정말 큰일이 날 겁니다.

그렇다고 심어 보지도 않고 포기하라니! 이건 옥수수 기술을 50년 앞당길 수 있는 기회야.

청장님,
여기에서 멈추면 우리나라에
교잡종을 심을 기회가 영영
사라지게 됩니다.

그렇지만 상황이
이러니 난들 어쩌겠소?
김 박사가 이해해요.

그렇다면 제가 책임을
지겠습니다!

그게
무슨 말입니까?

만약 이 옥수수가 실패한다면
감옥이라도 가겠습니다!
손해가 난다면 집을 팔아서라도
모두 갚겠습니다!

기, 김 박사!

순권은 교잡종 옥수수를 위해 자신의 모든 것을
바치기로 마음먹었습니다. 순권의 소신 있는
모습에 김인환 청장은 깊은 감명을 받았습니다.

흠…… 좋소!
그렇다면 일단 종자의
절반만 먼저 심어 봅시다!
다른 사람들은 내가
설득하겠소.

청장님, 정말 고맙습니다.
반드시 성공시키겠습니다.

*쪽정이: 껍질만 있고 속에 알맹이가 들지 않은 곡식이나 과일 따위의 열매

그러지 마시고 한 번만 심어 보시라니까요.

나중에 분명히 좋은 결과가 있을 겁니다.

순권과 직원들은 포기하지 않고 종자가 든 자루를 어깨에 메고 다니며 농민들을 열심히 설득했습니다. 농민들은 마지못해 종자를 받았지만 여전히 탐탁지 않아 했습니다.

기왕 공짜로 얻었으니 구석 자리에나 조금 심어 봐야겠군.

못쓰는 밭에다가 대충 뿌려 둬야지.

에이, 귀찮게 이런 건 뭐 하러 주는 거야? 그냥 묻어 버려야겠네.

어렵게 농민들을 설득해 옥수수를 심었지만,
야속하게도 오랫동안 비가 내리지 않았습니다.
순권의 속은 까맣게 타 들어가는 것 같았습니다.

박사님, 비가 계속 내리지
않으니 정말 큰일입니다.

이러다가는
옥수수가 제대로 자랄 수
없을 텐데……

안 되겠어. 직접 가서
내 눈으로 확인해 봐야지.

어르신, 옥수수를
심은 밭에도 물을……!

예끼, 이 사람아!
지금 벼 키우기에도 물이
모자라서 난린데, 그깟
옥수수가 대수인가?

이삭도 맺지 못하고
다 말라 죽어 버리면
어쩌지……

이대로 포기할 수 없어.
무슨 수라도 써야 해!

준비됐나?

예! 시작하셔도 좋습니다!

좋아,
서둘러 끝내자고!

며칠 뒤, 기나긴 가뭄 끝에 비가 내리기 시작했습니다.

그러나 그렇게 시작된 비는 그칠 줄 몰랐습니다. 뿐만 아니라 강한 바람까지 불어 여름 내내 순권을 애타게 만들었습니다.

짱-

생각보다 상황이
심각하네……. 새 종자마저
피해를 입었다면…….

그게 정말이여?

그렇다니까!

무슨 일 있으세요?

오, 자네 왔는가?
이것 좀 보게. 자네가 준
옥수수만 멀쩡하다고!

살다 보니 별 옥수수를
다 보겠구먼. 허허~!

1977년 12월 30일, 순권은 농업 분야와 국가 사회 발전에 이바지한 공로를 인정받아 '녹조 근정 훈장'을 받았습니다.

선진국 학자들이 모두 반대하던 교잡종이 우리나라에서 성공했습니다. 우리는 뭐든지 할 수 있습니다. 앞으로도 농가를 위해 힘쓰겠습니다.

순권은 그동안의 고생이 헛되지 않았다는 것에 감격했습니다. 자신으로 인해 농민들이 기뻐하는 모습을 본 순권은 옥수수 연구를 계속하기로 결심하게 됩니다.

김순권의 발자취

김순권 박사는 옥수수를 연구하며 굶주림으로 고통받는
사람들을 구해내는 데 이바지했습니다. 그의 고향 울산을
시작으로 하와이, 아프리카 그리고 북한까지 그의 발자취를
따라가 보겠습니다.

울산

김순권 박사는 경상남도 울주군 강동면에서 태어났습니다.
울산은 바닷가와 접해 있습니다. 김순권 박사의 부모님은
논농사와 밭농사를 짓고, 배를 타고 바다에
나가 물고기를 잡기도 했습니다. 울산 농업
고등학교는 김순권 박사가 농학자의 꿈을 키운
곳입니다.

울산은 고래의 최고 산지로 알려져 있습니다.

울산은 1962년부터 최고의 산업 도시이자, 공업
도시로 성장했습니다. 정부에서 울산을 특정
공업 지구로 지정했습니다. 대한민국의 정유
공장과 같은 중화학 공업을 이끌 시설을 짓고,
기업들이 울산에 들어오기 시작했습니다.
울산이 공업 지구로 지정된 것은 지리적인
이점 때문입니다. 바다와 접한 울산은 삼국
시대부터 무역항이 있었습니다. 항구는
원자재를 수입하고, 대한민국이 만든
상품을 수출하기에 편리했습니다. 도시
한가운데 태화강이 흘러 공장에서 사용하는
공업용수를 충분히 얻을 수 있었습니다.
울산은 자동차 공업과 조선업 그리고 석유
화학 공업이 발달했고 대한민국 중화학 공업을
이끌며 성장했습니다.

태화강이 흐르는 울산의 모습

하와이주

하와이주는 김순권 박사가 유학 생활을 한
곳입니다. 그는 하와이 주립 대학교에서
박사 학위를 받았지요. 하와이주는 태평양
가운데에 있는 122개 섬의 무리로 이루어진
하와이 제도로, 1959년에 미국의 50번째 주가
되었습니다. 하와이, 마우이, 오아후, 카우아이
등 8개의 주요 섬으로 이루어진 관광과 휴양지로
유명한 곳입니다.

하와이의 파인애플 농장

하와이주의 농업은 19세기 말부터 발전했습니다.
대농장을 중심으로 사탕수수와 파인애플
플랜테이션 농업이 이루어졌습니다. 플랜테이션
농업이란 자본과 기술을 가진 서양인이 현지의 값싼 노동력을
이용하여 농작물을 대량으로 생산하는 농업을 말합니다.
하와이주의 특산물은 견과류 일종인 마카다미아입니다.
전 세계 생산량의 90%에 달하는 마카다미아를 재배하고
있습니다. 하와이 코나 지역에서 생산되는 커피도 품질이
좋기로 유명합니다. 코나 커피는 세계 3대 커피에 꼽힐 만큼
향기와 맛이 좋습니다.

who? 지식사전

한국 최초의 정식 이민, 하와이

하와이는 한국인이 최초로 정식 이민을 간 곳입니다. 대한제국 고종
황제가 노동자의 이민을 허락했습니다. 이민 사업자들은 거리 곳곳에
모집 광고 전단지를 붙였습니다. 1902년 12월 22일 인천 제물포항에서
첫 한국인 이민자를 실은 갤릭호가 하와이로 출발했습니다. 1903년
1월 호놀룰루에 102명의 한국인이 하와이에 첫발을 디뎠습니다. 이후
1905년까지 7,415명의 한국인이 이주했습니다. 이들은 사탕수수
농장에서 하루에 10시간 이상 고된 노동을 하며 삶의 터전을 일궈
냈습니다.

하와이로 이주한 한국인에게 발급한 여권 © 연합뉴스

아프리카

국제 열대 농업 연구소가 위치한 나이지리아는 우리나라 면적보다 네 배가 더 크며, 지역마다 기후가 다릅니다. 남쪽은 밀림 지대, 북쪽은 비가 적은 건조 지대, 중부와 동부 지방은 고산 지대입니다. 아프리카 대륙은 농사지을 땅이 넓고 날씨도 따뜻하여 1년에 세 차례나 농사를 지을 수 있습니다. 그런데도 아프리카 대륙에는 굶주리는 사람이 많습니다. 이유 중 하나는 병충해입니다. 옥수수는 위축 바이러스, 매문병과 같은 치명적인 병에 걸리면 살아남지 못했습니다.

김순권 박사는 기후와 병충해에 맞는 품종을 찾아내기 위해 넓은 지역을 일일이 다녔습니다. 그리고 2년 만에 병을 이겨 내는 옥수수 품종을 만들었습니다. 품종을 개발한 뒤에는 옥수수 재배하는 법을 아프리카 농민들에게 가르쳤습니다. 놀랍게도 두세 배나 많은 수확량을 거두었습니다.

아프리카 대륙에서
빨간색으로 표시한
나이지리아

옥수수 덕분에 나이지리아의 산업이 발전했습니다. 수입한 밀로 빵을 만드는 대신 옥수수 가루로 빵을 만들었습니다. 다른 나라에 옥수수를 수출할 정도가 되었습니다.

김순권 박사는 농업 분야의 노벨상이라 불리는 '국제 농업 연구 대상(벨기에 국왕상)'을 받았습니다. 나이지리아 대통령은 새 옥수수가 새겨진 동전을 만들어, 김순권 박사를 '옥수수의 아버지'라고 불렀습니다. 또한 '가난한 사람을 배불리 먹인 사람'이라는 뜻의 '마이에군'이라는 명예 추장으로 추대되었습니다.

나이지리아 동전에 새겨진 슈퍼 옥수수

북한

아프리카에서 큰 성공을 거둔 김순권 박사는 북한 동포들이 굶주리고 있다는 소식을 접하게 되었습니다. 당시 큰 홍수가 난 북한은 큰 피해를 보았습니다. 농작물이 모두 물에 휩쓸려 수확할 것이 남아 있지 않았습니다.

북한의 기후는 논농사보다 밭농사가 적합합니다. 우리가 쌀을 먹듯이 북한에서는 옥수수를 먹습니다. 벼보다 옥수수를 더 많이 심습니다. 옥수수를 연구하는 김순권 박사가 이를 모를 리 없었습니다.

김순권 박사는 북한 땅에 맞는 옥수수 품종을 개발하여, 북한 동포를 돕고 싶었습니다. 1995년, 우리나라로 돌아온 그는 북한 지역에 맞는 옥수수 종자를 찾기 위해 노력했습니다. 그 성과가 바로 강냉이 19호입니다.

나아가 김순권 박사는 북한 주민들은 도울 방법을 마련하고자 노력했습니다. 국제 옥수수 재단을 설립하여 북한 동포를 위한 국민 캠페인을 벌이고, 대한민국 국민의 정성을 모아 북한에 비료와 농기구를 보냈습니다.

who? 지식사전

국제 옥수수 재단

국제 식량 문제를 해결하기 위해 1998년에 김순권 박사가 설립한 단체입니다. 북한의 식량 문제를 돕기 위한 사업을 시작으로, 현재는 베트남, 인도차이나 4개국, 동티모르, 몽골, 네팔 등 굶주림으로 고통받고 있는 사람들을 돕고 있습니다. 옥수수 종자 지원을 통한 식량 문제를 도울 뿐만 아니라 지역의 건강을 지키는 보건 사업, 긴급 구호 사업 등을 펼치고 있습니다.

국제 옥수수 재단 로고

7 옥수수에 담긴 한마음

한국형 교잡종 옥수수를 개발한 순권은 새로운 꿈을 키우고 있었습니다.

흐음…….

김순권 박사님께

저희 연구소에서는 아프리카에 맞는 옥수수 품종 개발을 위해 박사님을 연구원으로 초청하고자 합니다. 아프리카 기아를 해결하는 데 도움을 주시기 바랍니다.

－국제 열대 농업 연구소－

김 박사님, 어서 오십시오.

여기까지 나와 주시다니 감사합니다.

당연히 마중 나와야죠. 잘 부탁드립니다.

열심히 해 보겠습니다.

순권은 곧바로 아프리카 옥수수밭으로 달려갔습니다.

아프리카는 이렇게 넓은 들판이 있습니다.

부릉

농사지을 땅은 넉넉하겠군요. 기후도 1년 내내 농사를 지을 수 있을 것 같네요.

그런데…… 한 가지 문제가 있습니다.

문제라뇨?

병충해도 병충해지만 악마의 풀이 문제입니다.

악마의 풀이라면 저것을 말하는 겁니까?

네, 저게 바로
악마의 풀 '스트라이가'입니다.
옥수수에 달라붙어 영양분을 모조리
빼앗아 먹는 녀석입니다.

스트라이가……

스트라이가를
없애기 힘들다고 하지만
그래 봤자 잡초일 뿐일 텐데……
한번 해 보는 거야!

순권은 아프리카 땅과 기후에 알맞은 품종을 찾기 위해
밤낮으로 노력했습니다. 하지만 순권이 열심히 연구하던
옥수수에 스트라이가가 나타났습니다.

아니, 이것은
스트라이가잖아?

역시 만만치
않은 녀석이군.

그 당시 스트라이가에 대한 전문가들의 생각은 모두 부정적이었습니다.

제거하더라도 몇 년 만에 다시 살아나는 풀입니다.

대책을 마련해도 소용없으니…….

스트라이가는 악마의 풀입니다!

스트라이가를 뽑으면 더 많이 자라고……. *제초제의 양을 늘려야 하나?

아냐, 제초제는 땅에도 옥수수에도 좋지 않아. 다른 방법을 찾아봐야겠어.

그래, 맞아! 브루베이커 교수님!

번뜩

*제초제: 농작물을 해치지 않고 잡초만을 없애는 약

농약에 의존해서는 안 되네.
여러 품종을 교배해서 병충해에
강한 품종을 만들어 내는 것이
우리 육종학자들의 목표지.

네, 교수님.
명심하겠습니다!

그래, 농약을
사용하지 않아도 되는
품종을 만드는 거야!

옥수수와 땅 그리고
스트라이가. 모두가
살 수 있는 방법을
연구하겠어!

스트라이가를
못 이기는 약한
옥수수는 버린다.

스트라이가가 자랄 수 없는
옥수수도 버리자. 잠깐은 스트라이가가
사라진 것처럼 보이지만 이에 적응한
스트라이가가 생길 수 있어.

스트라이가가 있어도
죽지 않는 놈만 골라서
교배시키는 거야!

스트라이가는 무슨 방법을 써도 금세 환경에 적응해 자라는
특성이 있었습니다. 그래서 순권은 스트라이가를 없애지
않고도 옥수수가 자랄 수 있는 방법을 연구했습니다.

순권은 자기 몸도 제대로 돌보지 않고 옥수수 개발에
온 힘을 기울였지만 큰 성과 없이 몇 년이 흘렀습니다.

무슨 일이지?

박사님! 저기, 저기 좀
가 보셔야겠습니다.

김 박사님! 드디어
해내셨습니다!

그의 옥수수 연구는 10여 년을 매달린 끝에
성공했습니다. 이 옥수수는 '오바슈퍼 1호'라고
불렸고, 예상대로 풍작을 이뤘습니다.

고맙다, 이렇게
건강히 자라 주어서!

오바슈퍼 1호의 개발은 옥수수의 풍년과 함께 아프리카 농민들의 삶도 크게 바꾸었습니다.

웅성 웅성

저, 박사님······.

네, 무슨 일입니까?

박사님을 명예 추장으로 모시고 싶습니다.

네? 저를요?

순권의 옥수수 개발은 아프리카의 기아 해결에 큰 도움이 되었습니다.
백 년 동안 세계 어느 연구자도 해내지 못한 일이었습니다.

박사님을
마이에군으로 모시자!

마이에군!

마이에군! 감사합니다!

마이에군이란 '가난한 자를 배불리 먹인 사람'이라는
뜻입니다. 주민들이 부르는 마이에군이란 호칭은
순권에게 고마움을 표현하는 최고의 단어였습니다.

아프리카를 굶주림에서 벗어나게 한 공로를 인정받아 순권에게는 많은 상과 명예가 쏟아졌습니다.

- 국제 농업 연구 대상
  (벨기에 국왕,1986)
- 국제 기술 개발상
  (이탈리아, 1986)
- 우수 연구상(나이지리아
  옥수수협회, 1995)
- 아프리카 국가 연합 연구상
  (1995)

그러나 순권에게는 한 가지 근심이 쌓여 갔습니다.
북한 동포들의 안타까운 생활 때문이었습니다.

북한, 100년 만의 대홍수

북한, 식량난 최악

그래, 한국에
돌아가는 거야!

그동안 정말
감사했습니다.

아닙니다. 제 할 일을
했을 뿐인데요.

그렇게 순권은 아프리카의 생활을 정리하고 한국으로 돌아갔습니다.

정말 오랜만에 한국에 오는군.

한국에 돌아온 순권은 북한의 식량 문제를 해결하기 위한 연구를 시작했습니다.

비료가 없다는 것도 문제지만 병충해도 심각하네……. 자연재해까지 겹쳤으니 얼마나 피해가 클까.

여보, 북한에서 벌써 다섯 번째 방문 요청이 왔어요.

후유…….

가고 싶어도 갈 수가 없다니. 이렇게 연구만 하다가는……. 언제쯤 북한을 도울 수 있을까.

당시 남한과 북한의 관계는 좋지 않았습니다. 그래서 남한은 순권의 북한 방문을 허용해 주지 않았습니다. 순권의 목숨이 위험할 수도 있기 때문이었습니다.

기다림에 지쳐갈 무렵, 순권은 한 통의 편지를 받습니다.

여보, 정부에서 편지가 왔어요.

정부에서?

여보…….

또 거절인가요?

드디어 그들을 도울 수 있게 되었어!

드디어 순권은 북한에 방문해도 좋다는 승인을 받았습니다.

저…… 박사님,
꼭 도와주십시오!

쉽지 않을 것 같습니다.
이런 땅에서는 당장 농사를
지을 수가 없어요.

콱!

어어~!

박사님께
보여 드릴 것이
있습니다.

북한의 식량난을 직접 확인한 순권은 무거운 마음으로 한국에 돌아왔습니다.
순권은 곧바로 옥수수 종자를 교배하기 시작했습니다.

순권은 수시로 북한을 드나들며 옥수수 실험을
계속했습니다. 그러던 어느 날이었습니다.

쏴아아아

아직 어린 옥수수라서
비가 더 오면 꺾일 수도 있어.
미리 이렇게 방비를
해 둬야지.

세상에, 정말
옥수수밭에 계실 줄이야.

우리를 위해
이렇게까지……!

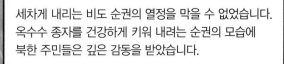

세차게 내리는 비도 순권의 열정을 막을 수 없었습니다.
옥수수 종자를 건강하게 키워 내려는 순권의 모습에
북한 주민들은 깊은 감동을 받았습니다.

가난한 농민들에게 도움을 주는 농학자가 되겠다는 야무진 꿈을 키웠던 소년 김순권.

우리나라에서 생소한 분야였던 육종학에 뛰어들어
옥수수 농가에 새로운 희망을 심어 준 김순권은
오늘날 옥수수 분야의 최고 권위자가 되었습니다.

그리고 지금도 새로운 옥수수 품종을 만들기 위해
전 세계의 옥수수밭을 누비고 있습니다.

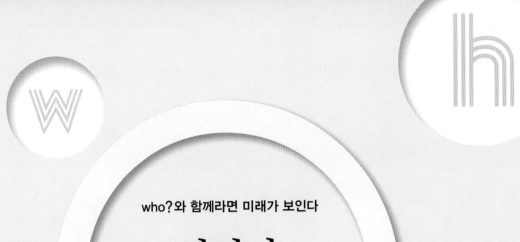

who?와 함께라면 미래가 보인다

어린이
진로 탐색

농학자

어린이 친구들!
자, **김순권** 박사의 이야기를 읽고 나니 어떤 생각이 드나요?

아직도 농학이 먼 이야기처럼 느껴지나요?
아니면 우리와 가깝게 느껴지고, 관심이 생기기 시작했나요?

김순권 박사가 꿈을 이루어가는 과정을 다시 한번 짚어 보고
농학자가 하는 일과 그에 관련한 다양한 직업에 대해
알아보도록 해요!

친구들의 관심 분야를 갈고닦아
진로와 연결할 수 있도록 노력해 보아요.

그럼 지금부터 여러분이 꿈을 향해 나아가도록 도와줄
진로 탐색을 시작해 볼까요?

> 자기 이해부터
> 진로 체험까지,
> 다양한 진로 탐색
> 활동을 시작해 봐요!

농학자가 하는 일

농학은 농업에 관련된 모든 분야를 아우르는 학문을 말합니다.
다른 말로 농업 과학이라고 합니다. 인류의 가장 오래된 산업인 농업과
첨단 기술이 결합하여 새롭게 발전하고 있습니다.
농학은 농작물의 생산량을 늘리고 농업에 필요한 기술을 연구합니다.
하지만 작물을 재배하는 데 필요한 지식과 기술을 연구하는 데만 그치지 않습니다.
농학자가 하는 일은 분야가 다양합니다.
농작물의 품질을 높이기 위한 유전 공학을 결합하여 연구합니다. 육종학은 새로운
품종을 만들어 냅니다. 그리고 기후와 농업과의 관계를 연구하여 자연재해에
대비하는 방법을 마련하고 있습니다.
원예 작물과 특용 작물을 연구합니다. 환경을 보호에 대한 중요성이 커지면서,
농산물을 친환경적으로 생산하는 방법에 대해 활발하게 연구합니다.
농업 경제학 분야에서는 농업과 식품과 관련한 경제 문제를 연구하고 있습니다.
과학을 기반으로 하여 식물로부터 에너지를 생산하는 방법을 연구하는
바이오 에너지 분야도 농학 분야입니다.

✳ **열심히 연구하는 농학자의 모습을 그려 보세요.**

농학자가 되어
만들고 싶은 식물

김순권 박사는 우리나라의 농민들을 가난에서 벗어나게 할 방법을 찾고 싶었어요.
병충해에 잘 걸리지 않고 튼튼한 옥수수를 만들었지요. 만일 내가 육종학자가 된다면
어떤 식물을 만들고 싶나요? 육종학자가 되어 세상에 없는 새로운 식물을 만들어
보세요.

✳ **다음 글을 읽고 그림으로 표현해 보세요.**

나는 해로운 곤충을 잡아먹는
식충 식물을 개량할 거예요.
곤충을 유인하여 잡아먹은 다음,
그 영양분으로 단백질이 풍부한
열매를 맺는 거예요. 고소한
맛이 나는 열매겠죠?

비닐이나 플라스틱으로 만든 생활용품은
쉽게 분해되지 않아 환경 오염을
일으킵니다. 물건을 담거나 포장할 수
있는 식물을 만든다면 어떤 모습일까요?

진로
탐색
STEP 3

식물 재배 관찰 일기

김순권 박사는 책상에 앉아 책만 보면서 공부하지 않았어요. 연구용 옥수수를 재배하는 농장에 나가 옥수수를 매일 관찰했어요. 농학자, 육종학자가 되는 첫걸음은 식물과 친해지는 것이에요. 그러려면 식물을 직접 길러 보는 것이 중요하지요. 매일 식물이 자라는 과정을 주의 깊게 관찰하면서 변화하는 것을 지켜보면, 그 식물에 대한 정보를 알게 될 거예요. 머릿속에서 상상만 하지 말고, 직접 관찰하고 지식을 모으는 것은 과학을 하는 사람이 가져야 할 기본적인 태도입니다. 집에서 기를 수 있는 식물을 골라 재배해 보세요. 그리고 자라는 과정과 특징을 관찰하고 꼼꼼하게 기록해 보세요.

✳ **식물의 이름**

✳ **식물의 특징**

생김새:

씨를 뿌리는 시기:

쓰임새:

> 식물을 그리거나 사진을 붙여 주세요.

170

＊ 씨앗의 모양을 그려 보세요.

씨앗을 뿌린 날짜:

싹이 돋은 날짜:

떡잎의 모양:

씨앗을 그리거나 사진을 붙여 주세요.

＊ 14일 후의 식물의 모습은 어떻게 변했나요? 각각 그림으로 그려 보세요.

14일 전

14일 후

＊ 꽃이 피거나 열매가 맺히면 모양을 자세히 관찰하세요.
열매를 잘라 단면을 관찰해 보는 것도 좋아요.

씨앗이랑
농작물 이름 연결하기

식물은 '움직이지 못하는 생물'입니다. 말없이 피고 지는 식물은 번식하기 위해
씨앗을 맺습니다. 씨앗이란 곡식이나 채소가 싹을 틔울 수 있도록 영양분을 저장하고
있는 조직입니다. 씨앗의 생김새와 크기, 색깔은 식물에 따라 각각 다릅니다.
다음 씨앗을 보고 어떤 농작물인지 연결해 보세요.

은행	•	• ①
완두콩	•	• ②
벼	•	• ③
옥수수	•	• ④
보리	•	• ⑤

정답: 은행 ① 완두콩 ④ 벼 ③ 옥수수 ⑤ 보리 ②

농업 박물관

농업 박물관은 1987년에 설립된
우리나라 최초의 농업 전문
박물관입니다. 농업의 중요성을 알리고
우리의 전통문화를 알리기 위해
설립했습니다.
농업은 인류의 역사에 자리를 차지한
지 오래되었습니다. 수천 년간 나라의
근본이 되었습니다.
그러나 농업 중심 사회는 물자를
생산하고 소비하는 산업 사회로
변해 갔습니다.

농업 박물관 홈페이지에서 무료로 제공하는
어린이를 위한 활동지. 이외에도 농업과 관련된
다양한 자료들이 많습니다.

우리나라는 1970년 산업화와 공업화 시대를 맞으면서 농업에도 변화의 바람이
불었습니다. 농사를 짓는 데 기계를 사용하게 되었습니다.
농업 박물관의 역사관에서는 선사 시대부터 현재까지의 농기구, 수리 시설과
농촌에서 사용하는 생활 도구를 한눈에 볼 수 있습니다. 이를 통해 농업의 발달과
변천 과정을 쉽게 이해할 수 있습니다. 농업 생활관에서는 논과 밭의 사계절과
우리나라의 세시 풍속 등을 소개하고 있습니다.

이용 안내

* **관람 시간** : 매주 화~일요일
  하절기(3~10월) 09:30~18:00 / 동절기(11~2월) 09:30~17:30
* **휴관일** : 매주 월요일, 1월 1일, 설날 및 추석 연휴, 법정 공휴일, 근로자의날
* **관람료** : 무료
* **홈페이지** : www.agrimuseum.or.kr
* **주소** : 서울시 중구 새문안로 16 농협중앙회 농업 박물관
* **전화** : 02-2080-5727

연표 김순권

1945년	5월 1일, 경상남도 울주군(현 울산광역시 북구)에서 태어났습니다.
1964년 19세	울산 농업 고등학교를 졸업 후, 경북 대학교 농학과에 입학했습니다.
1969년 24세	경북 대학교 농학과를 졸업하고, 농촌 진흥청 작물 시험장 농업연구사보가 됐습니다.
1971년 26세	고려 대학교 대학원에서 농학 석사 학위를 취득했습니다.
1974년 29세	농촌 진흥청 작물 시험장 농업 연구관으로 재직하면서 많은 옥수수 품종을 연구했습니다.
1977년 32세	수원 19호를 개발해 농업 연구 장려상과 녹조 근정 훈장을 수상했습니다.
1978년 33세	수원 19호 개발 및 종자 생산으로 우수 공무원상(농촌 진흥청장상), 농업 연구상(농수산부 장관)을 수상했습니다.
1979년 34세	나이지리아에서 아프리카 국제열대농업연구소(IITA) 옥수수 육종 연구 담당관으로 일하면서 병충해에 강한 옥수수 종을 만들었습니다.
1982년 37세	대통령이 주는 해외 봉사상을 수상했습니다.
1986년 41세	국제 농업 연구 대상(벨기에 국왕)과 국제 기술 개발상(이탈리아)을 수상했습니다.
1990년 45세	미국 농학회와 작물 학회 명예 의원으로 취임했습니다.

1992년 47세	나이지리아 명예 추장(마이에군)에 임명됐습니다.
1995년 50세	나이지리아 제2 명예 추장(자군몰루: 위대한 승리자)에 임명, 나이지리아 옥수수협회 우수 연구상, 스위스&나이지리아 종자회 연구상, 아프리카 국가 연합 연구상을 받았습니다. 귀국 후, 경북 대학교 농학과 교수로 취임했고, 경북 대학교 국제 농업 연구소 소장에 임명됐습니다.
1992년, 1993년, 1997년	아프리카, 아시아국이 노벨 평화상에 추천했습니다.
1995년, 1996년	하와이 주립 대학교, 국제연합식량농업기구(FAO)가 노벨 생리 의학상에 추천했습니다.
1998년 53세	국제옥수수재단 이사장, 북한옥수수심기범국민운동 상임공동대표에 취임했습니다.
1999년 54세	대한적십자사 대북사업 자문위원에 취임했습니다.
2000년 55세	남북이산가족교류협의회 자문위원에 취임했습니다.
2003년 58세	영국에서 선정한 21세기 2,000명의 과학자에 올랐으며, 영국 IBC 국제 명예 훈장, 미국 국제작물육종가상, 국제작물분야 봉사상을 받았습니다.
2011년 66세	국제디자인프로세스과학회가 주는 학술 공헌상을 수상했습니다.
2020년 75세	지금도 옥수수를 연구하며 새로운 품종 개발에 힘쓰고 있습니다.

찾아
보기

ㄱ 강냉이 19호 114
교배 77, 91
교잡종 119

ㄴ 노먼 볼로그 92
녹색 혁명 51, 97
농사 48
농사직설 50
농약 64
농촌 진흥청 95
높새바람 69

ㄷ 도열병 64

ㅁ 마이에군 151
모종 74

ㅂ 바바라 매클린톡 92
반달 돌칼 48
브루베이커 104

ㅅ 사탕 옥수수 115
수원 19호 112
스트라이가 113, 144

ㅇ 야생 겨자 90
우장춘 76
오바슈퍼 1호 113, 149
옥수수 농사 29, 113
육종학 76, 91

ㅈ 재래종 119
제초제 145
종자 77
종자 은행 93
쭉정이 127

ㅌ 트랜스포존 92

ㅎ 하와이주 139
합성종 119